Entsendungen

Albert Scheiblauer

# Entsendungen

## Arbeitsrechtliche Darstellung von Entsendungen nach Österreich mit Schwerpunkt Bauwirtschaft

ÖGB VERLAG

Alle Angaben in diesem Band sind vom Autor und vom Verlag sorgfältig erwogen und geprüft, dennoch kann eine Garantie nicht übernommen werden. Eine Haftung des Autors bzw. des Verlages und seiner Beauftragten für Personen-, Sach- und Vermögensschäden ist ausgeschlossen.

Verlag des Österreichischen Gewerkschaftsbundes GmbH
Johann-Böhm-Platz 1
1020 Wien

Tel. Nr.: 01/662 32 96-0
Fax Nr.: 01/662 32 96-39793
E-Mail: office@oegbverlag.at
Web: www.oegbverlag.at

Umschlaggestaltung: Thomas Jarmer

Medieninhaber: Verlag des ÖGB GmbH, Wien

Hersteller: Verlag des ÖGB GmbH, Wien
Verlags- und Herstellungsort: Wien
Printed in Austria
ISBN 978-3-99046-400-7

# Inhaltsverzeichnis

# Abkürzungsverzeichnis

| | |
|---|---|
| AEUV | Vertrag über die Arbeitsweise der Europäischen Union |
| AVRAG | Arbeitsvertragsrechts-Anpassungsgesetz |
| BUAG | Bauarbeiter-Urlaubs- und Abfertigungsgesetz |
| BUAK | Bauarbeiter-Urlaubs-und Abfertigungskasse |
| B-VG | Bundes-Verfassungsgesetz |
| EFBH | Europäische Föderation der Bau- und Holzarbeiterlnnen |
| EU | Europäische Union |
| EuGH | Europäischer Gerichtshof |
| EURATOM | Europäische Atomgemeinschaft |
| EUV | Vertrag über die Europäische Union |
| EWG | Europäische Wirtschaftsgemeinschaft |
| KV | Kollektivvertrag |
| LSD-BG | Lohn- und Sozialdumping-Bekämpfungsgesetz |
| ÖGB | Österreichischer Gewerkschaftsbund |
| OGH | Oberster Gerichtshof |
| VwGH | Verwaltungsgerichtshof |
| WKO | Wirtschaftskammer Österreich |

# 1. Einleitung

## 1.1 Eine arbeitsmarktpolitische Annäherung

Der Beitritt Österreichs zur Europäischen Union 1995 läutet das Ende des weitgehend isolierten nationalen Arbeitsmarkts ein. Die Integration Österreichs in den Binnenmarkt der Europäischen Union brachte mit sich, dass Unternehmen anderer Mitgliedstaaten ihre Produkte und Dienstleistungen in Österreich anbieten durften. Diese zentrale Idee der Europäischen Union traf einige Branchen der österreichischen Wirtschaft mehr als andere. Speziell die österreichische Bauwirtschaft, und somit auch die Arbeitnehmerinnen und Arbeitnehmer österreichischer Unternehmen, steht seit über zwei Jahrzehnten in Konkurrenz zu Unternehmen europäischer Mitgliedstaaten, die im Wesentlichen gleiche Leistung zu günstigeren Konditionen anbieten können. Dabei arbeitet die Konkurrenz mit Arbeitnehmerinnen und Arbeitnehmern, die auf österreichischen Baustellen für eine bestimmte Dauer tätig werden, aber im EU-Ausland beim Entsendeunternehmen beschäftigt bleiben. Es besteht somit kein Beschäftigungsverhältnis zu einem österreichischen Dienstgeber oder einer Dienstgeberin. Man spricht von einer Entsendung.

Hauptgrund für die Schwierigkeiten der Branche ist mit Sicherheit das im Vergleich zu den östlichen und südöstlichen Nachbarstaaten sehr hohe Lohnniveau, das durch den Kollektivvertrag für Arbeiter und Arbeiterinnen in der Bauindustrie und im Baugewerbe normiert wird. Im Vergleich zu ihren osteuropäischen Kolleginnen und Kollegen verdienen Arbeiterinnen und Arbeiter österreichischer Bauunternehmen fürstlich. Der kollektivvertragliche Mindeststundenlohn eines Facharbeiters liegt in Österreich bei 13,84 Euro brutto.[1] Im Vergleich dazu liegt der gesetzliche Mindestlohn in Ungarn bei 2,35 Euro brutto, in

1 Vgl. Gewerkschaft Bau-Holz; Beilage zum Kollektivvertrag Bauindustrie/Baugewerbe 1. Mai 2017, Verlag des österreichischen Gewerkschaftsbundes, Wien 2017 4.

Polen bei 2,65 Euro und in Slowenien bei 4,65 Euro brutto.[2] Hinzu kommt noch der in Österreich bestehende Anspruch auf Weihnachtsremuneration und Urlaubsentgelt. Eine vergleichbare Zuordnung zu einzelnen Kollektivverträgen gibt es in diesen Ländern nicht, dennoch gibt es für die Baubranche höhere Stundenlöhne. Die Internetseite constructionworkers.eu, eine Seite der Europäischen Bau-Holz Gewerkschaft EFBH und ihrer nationalen Gewerkschaften, weist für Ungarn einen Mindestlohn von 3,03 Euro brutto pro Stunde aus, für Polen 3,07 Euro brutto pro Stunde und für Slowenien 4,65 Euro brutto.[3] Die genaue Feststellung eines Mindestbruttolohnes bleibt aber schwierig. Es gibt Unterscheidungen zwischen nicht qualifizierten und qualifizierten Arbeitnehmerinnen und Arbeitnehmern, die Bewertungskriterien von Mindestlöhnen sind national unterschiedlich geregelt. Klar ist aber, dass Österreich ein ungleich höheres Lohnniveau als andere Mitgliedstaaten zu verteidigen hat.

Diese Tatsache hat die österreichische Bauwirtschaft in den vergangenen Jahrzehnten verändert. Die Zahl der Entsendungen steigt seit Jahren und steht auf einem Rekordniveau. Im Jahr 2015 wurden mehr als 133.000 Entsendungen registriert, wobei es sich hierbei nicht automatisch um die Zahl der entsendeten Personen handelt, denn eine Person kann mehr als einmal im Betrachtungszeitraum entsandt worden sein.[4] Das traditionell wichtige Standbein der österreichischen produzierenden Wirtschaft, die Lehrlingsausbildung, ist gleichzeitig auf einem Zehnjahrestief angelangt. Wurden 2007 in dem BUAG unterliegenden Betrieben rund 8.000 Lehrlinge ausgebildet, so waren es 2016

2 Hans-Böckler-Stiftung, WSI-Mindestlohndatenbank, Gesetzliche Mindestlöhne in Europa, https://www.boeckler.de/wsi-tarifarchiv_43610.htm (Stand Jänner 2017).

3 Europäische Föderation der Bau- und Holzarbeiter, Bauarbeiter: Tarife und Rechte in Europa, https://www.constructionworkers.eu/de (Stand 2017).

4 Arbeitsmarktservice, Spezialthema Februar 2016, http://www.ams.at/_docs/001_spezialthema_0216.pdf (Stand Februar 2016).

nur noch rund 6.000.[5] Natürlich kann für diese Entwicklung nicht ausschließlich die Öffnung des österreichischen Arbeitsmarktes verantwortlich gemacht werden, ein Zusammenhang ist aber nicht von der Hand zu weisen.

## 1.2 Eine erweiterte Betrachtung des österreichischen Arbeitsrechts

Entsendungen sind also, und das ist statistisch belegbar, im österreichischen Arbeitsalltag keine Randerscheinung mehr. Allein schon diese Tatsache lässt eine arbeitsrechtliche Auseinandersetzung mit dem Thema lohnend erscheinen. Durch das „Hineinarbeiten" von Bürgerinnen und Bürgern aus europäischen Mitgliedstaaten ist ein neues Zeitalter für das österreichische Arbeitsrecht angebrochen. Unproblematisch, weil rechtlich gleich zu behandeln, sind hierbei Menschen, die aus anderen Mitgliedstaaten nach Österreich kommen, um im Zuge der Arbeitnehmerfreizügigkeit hier zu arbeiten.[6] In diesen Fällen greift das österreichische Arbeitsrecht und die Zuordnung zu einem Kollektivvertrag über die Gewerbeberechtigung des österreichischen Dienstgebers oder der Dienstgeberin. Neu und systematisch „störend" sind Entsendungen. Hier bietet ein Unternehmer oder eine Unternehmerin eines anderen EU-Mitgliedstaates im Zuge der Dienstleistungsfreiheit Dienstleistungen in Österreich an. Zur Vollbringung dieser Dienstleistung entsendet er oder sie Arbeitnehmerinnen und Arbeitnehmer nach Österreich, die aber beim Entsendeunternehmen beschäftigt bleiben. Auf diese Menschen ist somit österreichisches Arbeitsrecht grundsätzlich

5 Bauarbeiter Urlaubs- und Abfertigungskasse, Lehrlinge nach Betriebsarten und Bundesländern, https://www.buak.at/cs/Satellite?blobcol=urldata&blobheadername1=content-type&blobheadername2=content-disposition&blobheadervalue1=application%2Fpdf&blobheadervalue2=inline%3B+filename%3D%22Lehrlinge.pdf%22&blobkey=id&blobnocache=false&blobtable=MungoBlobs&blobwhere=1342622257503&ssbinary=true&site=BUAK (Stand 12.1.2017).

6 Krimphove, Europarecht, 2. Auflage, Verlag W. Kohlhammer, Stuttgart 2014, 72–73.

nicht anwendbar, da kein Beschäftigungsverhältnis zu einem österreichischen Unternehmen vorliegt und auch sonst kein Anhaltspunkt für eine Einordnung in die österreichische Arbeitsrechtssystematik vorliegt.

Obwohl also eine unselbstständige Tätigkeit in Österreich stattfindet, gilt österreichisches Arbeitsrecht nicht. Diese Tatsache wurde, vor allem was die Entlohnung betrifft, als unbefriedigend empfunden. Nicht nur sinnbildlich gesprochen bedeutete dies in der Ausgangssituation, dass auf einer Baustelle zwei Menschen, die die gleiche Tätigkeit ausführen, vollkommen unterschiedlich hohe Mindestlohnansprüche haben. Mit der Entsende-Richtlinie[7] hat der europäische Normengeber klargestellt, dass entsendeten Arbeitnehmerinnen und Arbeitnehmern unabhängig von dem auf das jeweilige Arbeitsverhältnis anwendbare Recht bestimmte Arbeits- und Beschäftigungsbedingungen, insbesondere auch bezugnehmend auf ihre Entlohnung, garantiert werden müssen.[8] Somit werden bestimmte Elemente des österreichischen Arbeitsrechts über den Umweg des europäischen Arbeitsrechts für die rechtliche Betrachtung von Entsendungen wieder relevant.[9]

## 1.3 Probleme in der Praxis

Für viele Anwenderinnen und Anwender sind Entsendungen schwer durchschaubar. Vor allem Sonderfragen der österreichischen Bauwirtschaft stellen die Verantwortlichen vor Probleme. So stellt sich die Frage, ob die Gleichhaltung einiger ausländischer Bauarbeiter- Urlaubs- und Abfertigungskassen mit der

7 Richtlinie 96/71/EG des Europäischen Parlaments und des Rates vom 16. Dezember 1996 über die Entsendung von Arbeitnehmerinnen und Arbeitnehmern im Rahmen der Erbringung von Dienstleistungen.

8 Art. 3 Abs. 1 der Richtlinie 96/71/EG des Europäischen Parlaments und des Rates vom 16. Dezember 1996 über die Entsendung von Arbeitnehmern im Rahmen der Erbringung von Dienstleistungen.

9 Siehe u.a. Wiesinger, Lohn- und Sozialdumping-Bekämpfungsgesetz, Linde Verlag, Wien 2016, 24–25.

österreichischen BUAK in Bezug auf den Urlaubserwerb bei Entsendungen eine, eventuell rechtswidrige, Durchbrechung des Günstigkeitsprinzips bei der Frage des anzuwendenden Urlaubsrechts darstellt.[10]

Auch die Bewertung des Taggeldanspruchs bei Entsendungen stellt vor allem für österreichische Anwender und Anwenderinnen ein Problem dar. Ob Taggelder Entgeltbestandteile sind oder nicht muss in einer europarechtlichen Betrachtung vor allem nach der Entscheidung des EuGH im Fall Sähköalojen[11] neu bewertet werden. Die traditionelle österreichische Ansicht, dass es sich bei Taggeldern um einen Aufwandersatz handelt, der nicht Entgeltbestandteil ist, muss kritisch hinterfragt werden.

Ein in der Praxis sehr relevantes Thema ist die Feststellung des auf die Entsendung anzuwendenden österreichischen Kollektivvertrags. Hier passieren die meisten Fehler, die für Unternehmen teuer werden können. Vor allem das seit 2013 existierende, mehrmals nachjustierte LSD-BG[12] ahndet Unterentlohnungsvergehen rigoros. Die Strafdrohung richtet sich in solchen Fällen nicht automatisch nur gegen den unterentlohnenden ausländischen Beschäftigungsbetrieb, sondern im Rahmen der Auftraggeberhaftung auch gegen das inländische auftraggebende Unternehmen. Somit müssen auch österreichische Unternehmen, die im Zuge der Subvergabe auf ausländische Betriebe zurückgreifen, ein Interesse an der Einhaltung der bei Entsendung geltenden arbeitsrechtlichen Vorschriften haben.

10 § 33i Bundesgesetz betreffend den Urlaub und die Abfertigung für Arbeitnehmerinnen und Arbeitnehmer in der Bauwirtschaft BGBl 414/1972 idgF.

11 EuGH 12.2.2015, C-396/13, Sähköalojen amaatiliitto.

12 Bundesgesetz, mit dem ein Gesetz zur Bekämpfung von Lohn- und Sozialdumping erlassen wird, BGBl. I. Nr. 44/2016.

# 2. Das europäische Arbeitsrecht

## 2.1 Das Rechtssystem der Europäischen Union

Die Europäische Union besteht seit dem Maastrichter Vertrag über die Europäische Union[13] (EUV) aus den drei Gemeinschaften, nämlich der Europäischen Wirtschaftsgemeinschaft, der Europäischen Atomgemeinschaft und der Europäischen Gemeinschaft für Kohle und Stahl. Zusätzlich besteht sie aus den sogenannten gemeinsamen Politiken, nämlich der Gemeinsamen Außen- und Sicherheitspolitik und der Kooperation der Mitgliedstaaten in der Innen- und Justizpolitik. Wesentlichster Bestandteil dieses Vertrages war die Verwirklichung des gemeinsamen Binnenmarktes. Eine eigenständige europäische Verfassung wurde zwar im Vertrag über eine Verfassung für Europa ausgearbeitet, die Ratifizierung des Vertrages scheiterte aber in einigen Mitgliedstaaten. Mit dem „Vertrag über die Arbeitsweise der Europäischen Union" (AEUV[14]) wurden vor allem die Kompetenzen und das Abstimmungsverfahren der Mitgliedstaaten neu geregelt, der Maastrichter Vertrag (EUV) blieb aber in Kraft.[15]

### 2.1.1 Vorrang des europäischen Rechts

Schon sehr früh in der Geschichte der Europäischen Gemeinschaften wurde durch die Entscheidung „Costa/ENEL"[16] der Vorrang des europäischen Rechts vor nationalen Rechtsnormen festgehalten. Der EuGH hält fest, dass „1. Im Gegensatz zu anderen völkerrechtlichen Verträgen – der EWG-Vertrag eine eigene Rechtsordnung darstelle, die die Mitgliedstaaten in ihre nationale Rechtsordnung übernommen haben; 2. Dass gegen das

13 Vertrag über die Europäische Union vom 26.10.2012, C 326, S. 0001–0390.

14 Vertrag über die Arbeitsweise der Europäischen Union vom 26.10.2012, C326, S.0001–0390.

15 Krimphove, Europarecht, 4–7.

16 EuGH vom 15. Juli 1964, C-6/64, Flaminio Costa gegen E.N.E.L, Slg. 1964 01195.

Recht verstoßende nationale Regelungen der vertraglich eingegangenen Verpflichtung der Mitgliedstaaten zur Gründung einer Gemeinschaft widersprechen (...); 3. Dass die Mitgliedstaaten ihre (gesetzgeberische) Souveränität zur Verabschiedung von eigenständigem nationalen Recht zur Gunsten der Europäischen Gemeinschaften beschränkt und auf diese übertragen haben. Dem europäischen Recht gebührt daher gegenüber dem nationalen der Vorrang."[17]

Im Ergebnis bedeutet das, dass nationales Recht, sofern es gegen europäisches Recht verstößt, verdrängt wird. Dies gilt auch für alle zukünftigen nationalen Rechtsnormen. Dieses Vorrangprinzip stößt allerdings dann an seine Grenzen, wenn nationales Recht einen Sachverhalt strenger und rigider regelt als Europarecht. Hier wird europäisches Recht durch nationales Recht konkretisiert. Ein Vorrang wäre in diesem Fall kontraproduktiv.[18]

### 2.1.2 Die Europäischen Grundfreiheiten

Das sogenannte Primärrecht der Europäischen Union bilden insbesondere die Europäischen Verträge und hier der AEUV. Kernelemente dieses Vertrages bilden die fünf Grundfreiheiten, die das Ziel des gemeinsamen Binnenmarktes verwirklichen. Diese sind:

- Die Warenverkehrsfreiheit
- Die Kapital- und Zahlungsverkehrsfreiheit
- Die Niederlassungsfreiheit
- Die ArbeitnehmerInnenfreizügigkeit
- Die Dienstleistungsfreiheit

17 Krimphove, Europarecht, 9.

18 Krimphove, Europarecht, 10–11.

### 2.1.3 Die Warenverkehrsfreiheit

Die Warenverkehrsfreiheit ist ein eigenständiger Anspruch natürlicher und juristischer Personen eines Mitgliedstaates auf Übertragung von Gütern von einem Mitgliedstaat in einen anderen und auf wirtschaftlichen Vertrieb von Produkten in einem anderen Mitgliedstaat. Zudem garantiert sie den ungehinderten Zugang von Wettbewerbern auf den Märkten anderer europäischer Mitgliedstaaten. Somit wird das Funktionieren des europäischen Binnenmarktes zu einem großen Anteil von der Warenverkehrsfreiheit garantiert.[19]

Verboten sind den Mitgliedstaaten vor allem zwei Handlungen, nämlich mengenmäßige Einfuhrbeschränkungen und Maßnahmen gleicher Wirkung. Bei mengenmäßigen Beschränkungen handelt es sich um mengenmäßig bezifferbare Behinderungen des Einfuhrs von Waren aus einem anderen Mitgliedstaat. Weniger konkret ist das Verbot von „Handlungen gleicher Wirkung." Darunter ist ein weites Feld von Handlungen zu verstehen, die im Ergebnis die gleiche Wirkung wie eine mengenmäßige Beschränkung haben müssen.[20] Derartige Handlungen müssen im Einzelfall bewertet und ausgelegt werden. Zu dieser Erkenntnis kommt der EuGH in der „Dassonville-Entscheidung",[21] in der er das Verlangen von bestimmten Zertifikaten zur Einfuhr von stark alkoholischen Getränken nach Belgien als „Maßnahme gleicher Wirkung" versteht.

Auch wenn die Warenverkehrsfreiheit für eine Gesamtbetrachtung des europäischen Rechts die wesentlichste Grundfreiheit sein mag, ist sie für das Thema nur am Rande von Interesse. Im Zusammenhang mit Entsendungen ist sie nur insofern von Interesse, als dass sie Unternehmen die Möglichkeit zur Lieferung von Waren in andere Mitgliedstaaten der Europäischen Union

19 Krimphove, Europarecht, 33.

20 Krimphove, Europarecht, 33–34.

21 EuGH 11.7.1974, Rs 8/74, Procurer du Roi gegen Benoit et Gustave Dassonville, Slg. 1974, S. 837 ff, 852.

bietet. Mit dieser Lieferung kann eine Dienstleistung verbunden sein, die eventuell als Nebenleistung zur Hauptleistung von entsendeten Dienstnehmern und Dienstnehmerinnen erbracht werden kann.

### 2.1.4 Die Kapital- und Zahlungsverkehrsfreiheit

Art. 63 AEUV verbietet sämtliche Beschränkungen des Kapital- und Zahlungsverkehrs. Die Zahlungsverkehrsfreiheit dient der Begleichung von Forderungen jeglicher Art und unterstützt daher die anderen Freiheiten zur Erreichung eines gemeinsamen Binnenmarktes. Die Kapitalverkehrsfreiheit garantiert den freien, einseitigen Transfer von Kapital.[22]

Für Entsendungen ist die Kapital- und Zahlungsverkehrsfreiheit in der Praxis durchaus bedeutend, denn bei der Besicherung von Dienstleistungen bzw. der im Zuge von Entsendungen relevanten vorzeitigen Überweisung von Sozialversicherungsbeiträgen durch den entsendenden, ausländischen Arbeitgeber bzw. die Arbeitgeberin ist das Funktionieren des Zahlungsverkehrs innerhalb der Europäischen Union Grundvoraussetzung.[23]

### 2.1.5 Die Niederlassungsfreiheit

Die Niederlassungsfreiheit, normiert in Art. 49 AUEV, gewährt dem einzelnen EU-Bürger und jedem EU-Unternehmen das Recht, sich dauerhaft in einem anderen Mitgliedstaat zur Durchführung von Geschäftstätigkeiten niederzulassen. „Dem Niederlassungswilligen dürfen dabei vom Aufnahmestaat keine Sperren und Hindernisse entgegengesetzt werden, die nicht auch für Inländer gelten."[24] Man spricht in diesem Fall vom Anspruch auf Inländerbehandlung oder negativer Niederlassungsfreiheit.

22 Krimphove, Europarecht, 77.

23 Vgl. Krimphove, Europarecht, 78 sowie Wiesinger (Hrsg.), Sozialbetrugsbekämpfung in der Bauwirtschaft, Linde Verlag, Wien 2015, 123 ff.

24 Krimphove, Europarecht, 50.

Bei allen Fragen der Niederlassungsfreiheit besteht die Notwendigkeit eines grenzüberschreitenden Sachverhaltes.[25] Rein nationale Firmenübersiedlungen bzw. Unternehmensgründungen werden nicht erfasst. Ein Unternehmen, das seinen Sitz von Wien nach Niederösterreich verlegen möchte, kann sich in Ermangelung eines grenzüberschreitenden Sachverhalts nicht auf die Niederlassungsfreiheit berufen. Geschützt sind nicht nur Bürgerinnen und Bürger mit der Staatsbürgerschaft eines Mitgliedstaates der europäischen Union, sondern ausdrücklich auch Unternehmen, also juristische Personen, der einzelnen Mitgliedstaaten. Daraus folgt, dass Nicht EU-Bürger, die nach nationalem Recht eines EU-Mitgliedstaates eine juristische Person gegründet haben, über „den Umweg" dieser juristischen Person Niederlassungsfreiheit für das europäische Unternehmen genießen.[26]

Entsendungen sind von Fällen der Niederlassungsfreiheit strikt zu unterscheiden. Es geht hier wie schon früher erwähnt um Fälle, in denen Dienstnehmer und Dienstnehmerinnen von Unternehmen aus dem EU-Ausland Dienstleistungen im Namen des Unternehmens in einem anderen Mitgliedstaat erbringen. Dennoch ist die Vorfrage, ob ein Unternehmen einen Sitz in einem EU-Staat hat, für das vorliegende Thema relevant.

### 2.1.6 Arbeitnehmerfreizügigkeit

Die Arbeitnehmerfreizügigkeit gewährleistet drei Bereiche. Einerseits das Recht auf Teilnahme am Arbeitsmarkt anderer Mitgliedstaaten. Damit gemeint ist gem. Art. 45. AEUV in erster Linie der Zugang zum Arbeitsmarkt und damit verbunden zum Staatsgebiet eines anderen Mitgliedstaates. Verpflichtet werden hierbei vor allem die Mitgliedsstaaten. Zweitens normiert Art. 45 Abs. 2 AEUV ein Diskriminierungsverbot. Arbeitnehmerinnen und Arbeitnehmer unterschiedlicher Mitgliedstaaten,

25 Krimphove, Europarecht, 51.
26 Krimphove, Europarecht, 50.

die von Arbeitnehmerfreizügigkeit Gebrauch machen, dürfen nicht anders behandelt werden als Inländer. Betroffen sind neben dem öffentlichen Recht auch das Sozial-, Steuer-, aber vor allem das Arbeitsrecht.[27]

Die Arbeitnehmerfreizügigkeit entfaltet unmittelbare Wirkung. Das gilt uneingeschränkt im Verhältnis des EU-Bürgers zum Mitgliedstaat und im Hinblick auf staatliche Normen.[28] Das Diskriminierungsverbot verpflichtet auch Arbeitgeber und Arbeitgeberinnen. Berechtigte sind somit Arbeitnehmerinnen und Arbeitnehmer, aber auch Arbeitgeber und Arbeitgeberinnen. Dies ist einem Umgehungsschutz geschuldet. Wenn ein Staat die Arbeitnehmerfreizügigkeit umgehen wollen würde, könnte er diskriminierende Rechtsvorschriften an Arbeitgeber und Arbeitgeberinnen richten. Dies wird dadurch verhindert, dass sich auch Arbeitgeber und Arbeitgeberinnen auf die Arbeitnehmerfreizügigkeit berufen können.[29]

Klarerweise ist die Arbeitnehmerfreizügigkeit für Entsendungen von großer Bedeutung. Dies weniger aus praktischen Gründen, denn bei Entsendungen arbeiten Dienstnehmer und Dienstnehmerinnen nicht bei Dienstgeber und Dienstgeberinnen anderer Mitgliedstaaten, sondern weiterhin beim Dienstgeber oder der Dienstgeberin des Entsendestaates, jedoch klärt Art. 45 AEUV und die auf diesem Artikel basierende Rechtsprechung grundlegende Definitionen und Fragestellungen, die für Entsendungen von Bedeutung sind.

#### *2.1.6.1 Primärrechtlicher Arbeitnehmerfreizügigkeitsbegriff*

Während das Sekundärrecht in Richtlinien hauptsächlich auf nationale Definitionen hinweist, gibt es durch die ständige

27 Gregor Thüsing, Europäisches Arbeitsrecht[3], Verlag C.H.Beck, München 2016, 36–37.

28 EuGH v. 4.12.1974, C-41/74, Yvonne Van Duyn/Home Office, Slg 1974 01337.

29 EuGH v. 7.5.1998, C-350/96, Clean Car Autoservice GesmbH/Landeshauptmann von Wien, Slg 1998 I-02521.

Rechtsprechung des EuGH in der Rechtssache Unger[30] einen originären europäischen Arbeitnehmerinnen- und Arbeitnehmerbegriff.[31] „Arbeitnehmerin und Arbeitnehmer im Sinne des Primärrechts ist danach jede Person, die während einer bestimmten Zeit für einen anderen nach dessen Weisung Leistung erbringt, für die sie als Gegenleistung eine Vergütung erhält."[32] Erfasst sind also unstrittig auch Teilzeitbeschäftigte, da die Definition keine bestimmte Höhe oder ein bestimmtes Beschäftigungsausmaß verlangt. Die Definition ist im Wesentlichen mit dem österreichischen Verständnis des Arbeitnehmerinnen- und Arbeitnehmerbegriffs gleichzusetzen. Es geht also um unselbstständige Tätigkeit, die auf Weisung für einen anderen ausgeführt wird. Somit bildet die Definition eine wichtige Abgrenzung zur Niederlassungs-, aber auch zur Dienstleistungsfreiheit.

Ob Praktika und unbezahlte Tätigkeiten erfasst sind, ist strittig,[33] würde aber für die Arbeit zu weit führen. Ist in dieser Arbeit daher von Arbeitnehmerinnen und Arbeitnehmern im europarechtlichen Sinn die Rede, wird von bezahlter Tätigkeit ausgegangen.

### 2.1.7 Die Dienstleistungsfreiheit

Zentrale Freiheit für das vorliegende Thema ist die Dienstleistungsfreiheit. Diese Freiheit dient gleichermaßen als „Joker" des Europarechts und stellt somit in gewisser Weise einen Auffangtatbestand dar, wie Krimphove passend feststellt.[34] Schon Artikel 54 AEUV gibt dies wieder, in dem er festhält: „Dienstleistungen im Sinne des Vertrages sind Leistungen, die in der Regel gegen Entgelt erbracht werden, soweit sie nicht den Vorschriften

30 EuGH v. 4.12.1974, C-75/63, M.K.H. Unger/Bestuur der Bedrijfsvereniging voor Detailhandel en Ambachten a Utrecht, Slg 1964 00347.

31 Thüsing, Europäisches Arbeitsrecht[3], 38.

32 Thüsing, Europäisches Arbeitsrecht[3], 40.

33 Thüsing, Europäisches Arbeitsrecht[3], 40.

34 Krimphove, Europäisches Arbeitsrecht[3], 83.

über den freien Waren- und Kapitalverkehr und über die Freiheit der Person unterliegen."

Art. 57 AEUV definiert die Dienstleistungsfreiheit positiv wie negativ. Positiv sind Dienstleistungen im Sinne der Dienstleistungsfreiheit zeitlich begrenzte, unkörperliche Leistungen mit grenzüberschreitendem Bezug. Diese müssen nicht notwendigerweise entgeltlich sein. Negativ definiert wird sie durch den schon oben beschriebenen Artikel 54 AEUV, der bestimmt, dass alles unter die Dienstleistungsfreiheit fällt, was nicht eine andere Freiheit darstellt.[35] Zur Warenverkehrsfreiheit unterscheidet sich die Dienstleistungsfreiheit insofern, als dass es sich um eine unkörperliche Erbringung einer Arbeits- bzw. Dienstausführung handelt. Im Gegensatz zur Arbeitnehmerfreizügigkeit handelt es sich um unternehmerisches, selbstständiges Handeln. Im Vergleich zur Niederlassungsfreiheit ist die Tätigkeit vorübergehend und nicht auf Dauer angelegt. Im Gegensatz zur Kapital- und Zahlungsverkehrsfreiheit handelt es sich um Tätigkeiten jeglicher Art.[36]

Der grenzüberschreitende Bezug kann hier in vier Arten gegeben sein. Entweder überschreitet der Leistungserbringer die Grenze oder aber der Leistungsempfänger. Denkbar ist auch, dass die Dienstleistung selbst die Grenze überschreitet. Dies gilt vor allem für Radio- und Fernsehstationen bzw. für Internetdienste aller Art. Ein grenzüberschreitender Sachverhalt liegt aber auch dann vor, wenn ein Angehöriger eines europäischen Mitgliedsstaates die Dienstleistung in einem anderen Mitgliedstaat erbringt.[37]

Vor allem die Grenzüberschreitung des Leistungserbringers und die Erbringung der Dienstleistung in einem anderen Mitgliedstaat sind für Entsendungen relevant und stellen den Regelfall dar. Die Grenzüberschreitung der Dienstleistung selbst und die

35 Krimphove, Europäisches Arbeitsrecht[3], 83.
36 Krimphove, Europarecht, 84.
37 Krimphove, Europarecht, 87.

des Leistungsempfängers mögen für andere Wirtschaftsbereiche relevant und durchaus auch politisch spannend sein, allerdings sind diese Fälle für Entsendungen nicht passend, da Arbeitnehmerinnen und Arbeitnehmer nicht in einen anderen Mitgliedstaat entsendet werden.

Es kann festgestellt werden, dass die Dienstleistungsfreiheit den maßgeblichen primärrechtlichen Anknüpfungspunkt für Entsendungen darstellt und daher der Hauptfokus dieser Arbeit auf dieser Freiheit liegen muss. Fälle, in denen mehrere Freiheiten gleichzeitig wirken und „entwirrt“ werden müssen, werden in den nächsten Kapiteln erörtert werden.

# 3. Die ArbeitnehmerInnenentsendung

Grenzüberschreitende, für das europäische Arbeitsrecht relevante Sachverhalte existieren zum einen in der Form, dass eine Arbeitnehmerin bzw. ein Arbeitnehmer sein oder ihr Heimatland verlassen, um in einem EU-Mitgliedstaat zu arbeiten. In diesem Fall finden auf ihn oder sie, genauso wie für alle anderen in diesem Land arbeitenden Menschen, die arbeitsrechtlichen Bestimmungen dieses Landes Anwendung. Das Recht hierfür hat er, wie schon vorher beschrieben, auf Grund der Arbeitnehmerfreizügigkeit (Art 45 AEUV).

Arbeitnehmerentsendungen stellen einen anderen grenzüberschreitenden Sachverhalt dar. Hier besteht weiterhin durch das aufrechte Dienstverhältnis zum Arbeitgeber oder der Arbeitgeberin des jeweiligen Herkunftsstaates eine enge Verknüpfung in das Arbeitsrechtssystem des Entsendelandes. In diesem Fall wird zur Durchführung eines Projektes eines Unternehmens im Ausland ein/e im Unternehmen beschäftigte/r ArbeitnehmerIn mitgebracht. Dennoch besteht auch in diesen Fällen eine limitierte Integration in das Arbeitssystem des Empfangsstaates.[38]

## 3.1 Gewährleistung durch Grundfreiheiten

Die Möglichkeit von Entsendungen wird insbesondere durch die Dienstleistungsfreiheit gem. Art. 56 AEUV gewährleistet. In früheren Stadien der Entwicklung der Europäischen Union war diese Frage offen. Mit dem Beitritt Portugals zur Europäischen Union musste diese Frage geklärt werden. Nach dem Ende einer „Schonfrist" für den europäischen Arbeitsmarkt arbeiteten immer häufiger portugiesische Bauarbeiter im EU-Ausland bzw. boten portugiesische Firmen ihre Dienstleistungen im EU-Ausland an. Einige Staaten hatten damit wegen der erhöhten Arbeitslosigkeit am Bau und dem erhöhten Druck auf den einheimischen Arbeitsmarkt Schwierigkeiten. Ein Fehlen von

38 Thüsing, Europäisches Arbeitsrecht[3], 308–309.

Arbeitsbewilligungen für die Beschäftigten dieser im Ausland tätig gewordenen Unternehmen wurde behauptet. Im Fall „Rush Portuguesa“[39] stellte der EuGH klar, dass fehlende Arbeitsbewilligungen bei Fällen der Dienstleistungsfreiheit nicht relevant sind. Würde man solche Bewilligungen bei Entsendungen verlangen, würde dem ausländischen Dienstleister der Zugang zum heimischen Markt verwehrt werden und das Ziel des freien Zugangs zum europäischen Binnenmarktes umgangen werden. Die Dienstleistungsfreiheit würde dadurch ausgehebelt werden.[40]

Anbieter von Dienstleistungen haben innerhalb der europäischen Union somit das Recht, Arbeitnehmerinnen und Arbeitnehmer aus seinem Herkunftsstaat in den Bestimmungsstaat zu entsenden. Es gibt keinen Zwang zur Aufnahme von „lokalen“ Arbeitnehmerinnen und Arbeitnehmern im Empfangsstaat. Entsendete Arbeitnehmerinnen und Arbeitnehmer müssen auch keine Unionsbürger sein, da der europarechtliche Anknüpfungspunkt das sich auf die Dienstleistungsfreiheit berufende europäische Unternehmen mit Sitz in einem EU-Mitgliedstaat ist. Dies hat der EuGH unter anderen im Fall „Laval“ klargestellt.[41]

## 3.2 Anzuwendendes Recht

Kommt es, wie bei Entsendungen, zu Berührungspunkten zwischen zwei nationalen Rechtsnormen, gilt gemäß Artikel 8 Abs. 2–4 Rom I-VO[42] das Recht des Staates, in dem der gewöhnliche Arbeitsort liegt. Es gilt somit grundsätzlich das Recht des Entsendestaates. Eine vorübergehende Entsendung führt hier zu keiner Änderung des anzuwendenden Arbeitsrechts, da sie nicht auf Dauer angelegt ist. Dies gilt auch dann, wenn Arbeitneh-

39 EuGH v. 27.3.1990, C-113/89, Rush Portuguesa/Office national d'immigration, Slg 1990, I 04017.

40 Thüsing, Europäisches Arbeitsrecht$^3$, 309.

41 EuGH v. 18.12.2007, C-341/05, Laval un Partneri, Slg 2007, I 11767.

42 Verordnung des Europäischen Rates und des Europäischen Parlaments vom 17. Juni 2008 über das auf vertragliche Schuldverhältnisse anzuwendende Recht, L 2008/177,6.

merinnen und Arbeitnehmer und Arbeitgeber und Arbeitgeberinnen ein anderes anzuwendendes Recht im Dienstvertrag vereinbaren. Auch dies führt nicht zu einer Durchbrechung des Herkunftslandprinzips.[43]

Die reine Marktlogik rechtfertigt das Anwenden dieses Herkunftsprinzips. Frühere Gutachten unterstützen die Tatsache, dass durch die Anwendung der einschlägigen Vorschriften Anbieter, die ein niedriges Lohnniveau zu beachten haben, einen Wettbewerbsvorteil genießen. Abgeleitet wurde dies aus der Wirtschaftswissenschaft. Wer das günstigere Produkt hat, hat mehr Marktanteil und wird langfristig am Markt bestehen. Zunehmend hat diese Ansicht aber Kritik erfahren. Vor allem in Branchen, in denen die Kosten für die Dienstnehmer und Dienstnehmerinnen den Hauptanteil der Gesamtkosten ausmachen, nivellieren sich Löhne nach unten und drohen ganze Wirtschaftszweige abgedrängt zu werden. Dies trifft vor allem auf die Bauwirtschaft zu, bei der die Lohnkosten je nach Schätzung zwischen 50 und 80 Prozent der Gesamtkosten ausmachen.[44] Es könne nicht Ziel der Europäischen Union sein, dass niedrigere über höhere Lohnniveaus gewinnen und somit Sozialstandards zunehmend torpediert werden. Aus diesem Grund wurde der europäische Gesetzgeber aktiv, um europaweite Mindeststandards zu erlassen und dem Unterbietungswettbewerb ein Ende zu bereiten. Anders als bei der Warenverkehrsfreiheit schien es nicht akzeptabel, in einem Land Arbeitnehmerinnen und Arbeitnehmer mit unterschiedlicher Entlohnung „nebeneinander“ arbeiten zu lassen.

43 Wiesinger, LSD-BG, 20–21.

44 Thüsing, Europäisches Arbeitsrecht$^3$, 313.

## 3.3 Die Entsenderichtlinie als teilweise Durchbrechung des Herkunftslandprinzips

### 3.3.1 Die drei Entsendungsarten

Die Kritik am Herkunftslandprinzip, die vor allem von Gewerkschaften massiv geübt wurde, mündete in einen politischen Kompromiss. Die Entsenderichtlinie[45] durchbricht das Herkunftslandprinzip in Bezug auf die Entlohnung der entsendeten Arbeitnehmerinnen und Arbeitnehmer. Dabei werden drei Arten von Entsendungen unterschieden, nämlich

1. „Wenn Unternehmen einen Arbeitnehmer in ihrem Namen und unter ihrer Leitung in das Hoheitsgebiet eines Mitgliedstaats im Rahmen eines Vertrags entsenden, der zwischen dem entsendenden Unternehmen und dem in diesem Mitgliedstaat tätigen Dienstleistungsempfänger geschlossen wurde, sofern für die Dauer der Entsendung ein Arbeitsverhältnis zwischen dem entsendenden Unternehmen und dem Arbeitnehmer besteht, ..."[46]

   Diese Art der Entsendung kann als die prototypische Variante bezeichnet werden. Voraussetzung ist ein aufrechtes Dienstverhältnis des entsendeten Arbeitnehmers bzw. der Arbeitnehmerin zum entsendenden Unternehmen und ein grenzüberschreitender Bezug sowie ein Vertrag zwischen Dienstleistungsempfänger und dem entsendenden Unternehmen.

2. wenn Unternehmen einen Arbeitnehmer in eine Niederlassung oder ein der Unternehmensgruppe angehörendes Unternehmen im Hoheitsgebiet eines Mitgliedstaates ent-

45 Richtlinie des Europäischen Parlaments und des Rates vom 16. Dezember 1996 über die Entsendung von Arbeitnehmerinnen und Arbeitnehmern im Rahmen der Erbringung von Dienstleistungen, L 1997, 18, 1–6.

46 Art. 1 Abs. 3 lit a. Entsende-RL (96/71/EG).

senden, sofern für die Dauer der Entsendung ein Arbeitsverhältnis zwischen dem entsendenden Unternehmen und dem Arbeitnehmer besteht.[47]

Ebenfalls erfasst ist das „Verschieben" von Arbeitnehmerinnen und Arbeitnehmern zwischen verschiedenen Unternehmen eines Konzerns bzw. zwischen Unternehmensniederlassungen. Würde das nicht der Fall sein, hätten Zweigniederlassungen oder Konzerne einen unlauteren Wettbewerbsvorsteil gegenüber anderen Unternehmen, da dann die Regelungen dieser Richtlinie in Bezug auf die Entlohnung von entsendeten Arbeitnehmerinnen und Arbeitnehmern keine Anwendung finden würden.

3. als Leiharbeitsunternehmen oder als ein Arbeitnehmer zur Verfügung stellendes Unternehmen einen Arbeitnehmer in ein verwendendes Unternehmen entsenden, das seinen Sitz im Hoheitsgebiet eines Mitgliedstaates hat oder dort seine Tätigkeit ausübt, sofern für die Dauer der Entsendung ein Arbeitsverhältnis zwischen dem Leiharbeitsunternehmen oder dem Arbeitnehmer zur Verfügung stellenden Unternehmen und dem Arbeitnehmer besteht.[48]

   Konsequenterweise sind auch Leiharbeitsunternehmen von der Richtlinie erfasst, da alles andere ebenfalls eine Umgehung des Grundgedankens der Entsenderichtlinie wäre.

Adressat dieser Richtlinie sind immer die Unternehmen. Daraus ergibt sich, dass die Entsenderichtlinie ein Sonderfall der Dienstleistungsfreiheit ist und diese in gewisser Weise einschränkt. Sie müssen materiell rechtliche Bestimmungen der Entsenderichtlinie berücksichtigen.

47 Art. 1 Abs. 3 lit b. Entsende-RL (96/71/EG).
48 Art. 1 Abs. 3 lit c. Entsende-RL (96/71/EG).

### 3.3.2 Die materiellrechtlichen Bestimmungen der Entsenderichtlinie[49]

Die Entsenderichtlinie verpflichtet in Art. 3 Abs. 1 die Mitgliedstaaten dafür zu sorgen, dass entsendeten Arbeitnehmerinnen und Arbeitnehmer in Fällen der oben genannten Entsendearten bestimmte Arbeits- und Beschäftigungsbedingungen garantiert werden. Dies kann durch Rechts- und Verwaltungsvorschriften, aber auch durch für allgemein verbindlich erklärte Tarifverträge oder Schiedssprüche passieren. Somit sind die für das österreichische Arbeitsrecht so typischen Kollektivverträge ausdrücklich von der Richtlinie erfasst worden.

In folgenden Bereichen müssen die Mitgliedstaaten für eine Angleichung der Rechte entsendeter Arbeitnehmerinnen und Arbeitnehmer sorgen:[50]

1. Höchstarbeitszeiten und Mindestruhezeiten,
2. bezahlter Mindestjahresurlaub
3. Mindestlohnsätze einschließlich der Überstundensätze, dies gilt nicht für die zusätzlichen betrieblichen Altersversorgungsunternehmen,
4. Bedingungen für die Überlassung von Arbeitskräften, insbesondere durch Leiharbeitsunternehmen
5. Sicherheit, Gesundheitsschutz und Hygiene am Arbeitsplatz
6. Schutzmaßnahmen im Zusammenhang mit den Arbeits- und Beschäftigungsbedingungen von Schwangeren und Wöchnerinnen, Kindern und Jugendlichen
7. Gleichbehandlung von Frauen sowie andere Nichtdiskriminierungsbestimmungen.

49 Art. 3 Abs. 1 Entsende-RL (96/71/EG).

50 Art. 3 Abs. 1 Entsende-RL lit. a–g (96/71/EG).

## 3.4 Rechtsfortbildung durch maßgebliche Entscheidungen des EuGH

Die Entsenderichtlinie bedeutete eine notwendige Klarstellung der Ansprüche von entsandten Arbeitnehmerinnen und Arbeitnehmern. Auf Grund der großen Unterschiede der nationalen Arbeitsrechte der Mitgliedstaaten sowie der fehlenden europäischen Interpretation von arbeitsrechtlichen Begriffen mussten Rechtsfragen durch Entscheidungen des EuGH geklärt werden. Die folgenden Entscheidungen, sowie die auf Grund der thematischen Zuordnung in anderen Teilen des Buches zu findenden, sind hier als Meilensteine in der Rechtsfortbildung betrachtet werden.

### 3.4.1 Rush Portuguesa[51]

Nach dem Beitritt Portugals zur Europäischen Union 1986 galten für den Zugang zu den Arbeitsmärkten der anderen Mitgliedstaaten zeitlich begrenzte Beschränkungen. Schon vor Ablauf dieser Frist nahm das portugiesische Unternehmen Rush Portuguesa einen Auftrag in Frankreich an und entsandte portugiesische Arbeitnehmerinnen und Arbeitnehmer. Ein französisches Gericht legte dem EuGH die Frage vor, ob entsandte Arbeitnehmerinnen und Arbeitnehmer eine Arbeitserlaubnis brauchen.

Der EuGH stellte fest, dass die Dienstleistungsfreiheit auch das Recht umfasst, mit Teilen oder dem gesamten Personal in einem anderen Land zu arbeiten, ohne dass eine Arbeitserlaubnis für das jeweilige Mitgliedsland notwendig sei. Alles andere wäre eine unzumutbare Beschränkung der Dienstleistungsfreiheit und somit ein Verstoß gegen eine der Grundfreiheiten der Europäischen Union.

51 EuGH vom 27. März 1990, C113/89, Rush Portuguesa/Office national d'immigration, Slg 1990, I-014417.

Weiters stellte der EuGH fest, dass die Übergangsfristen, die die zu erwartenden Wanderbewegungen von portugiesischen Arbeitnehmerinnen und Arbeitnehmern einschränken sollten, nur die Arbeitnehmerfreizügigkeit betreffen.

### 3.4.2 Vander Elst[52]

Herr Vander Elst, ein belgischer Staatsbürger und Eigentümer eines Spezialabruchunternehmens, entsandte seine Arbeitnehmerinnen und Arbeitnehmer nach Frankreich. Einige seiner Arbeiter waren Drittstaatsbürger, besaßen also keine Staatsbürgerschaft eines Mitgliedslandes der Europäischen Union. Daraufhin verweigerten französische Behörden diesen Arbeitern den Zugang zum französischen Arbeitsmarkt. Daraufhin klagte Herr Vander Elst den französischen Staat.

Der EuGH stellte noch einmal klar, dass es sich bei einer Entsendung um einen Fall der Dienstleistungsfreiheit handelt. Deshalb ist die Staatsbürgerschaft der entsendeten Arbeiter und Arbeiterinnen für diesen Fall einer Grundfreiheit unerheblich, solange sich diese in einem Mitgliedstaat der Europäischen Union rechtmäßig aufhalten und dauerhaft beschäftigt sind.

### 3.4.3 Finalarte[53]

Mehrere Bauunternehmen mit Sitz in Portugal und dem Vereinigten Königreich klagten die deutsche Urlaubs- und Lohn-

---

52 EuGH vom 9. August 1994, C43-93, Vander Elst/Office nacional d'immigration, Slg 1994, I 03803.

53 EuGH vom 25. Oktober 2001, C-49/98, Finalarte Sociedade de Construção Civil Ld[a] (C-49/98), Portugaia Construções Ld[a] (C-70/98) und Engil Sociedade de Construção Civil SA (C-71/98) gegen Urlaubs- und Lohnausgleichskasse der Bauwirtschaft und Urlaubs- und Lohnausgleichskasse der Bauwirtschaft gegen Amilcar Oliveira Rocha (C-50/98), Tudor Stone Ltd (C-52/98), Tecnamb-Tecnologia do Ambiante Ld[a] (C-53/98), Turiprata Construções Civil Ld[a] (C-54/98), Duarte dos Santos Sousa (C-68/98) und Santos & Kewitz Construções Ld[a] (C-69/98), Slg 2001, I-07831.

ausgleichskasse der Bauwirtschaft wegen Diskriminierung der Dienstleistungsfreiheit, da diese deutsche, sozialpartnerschaftliche Einrichtung ein Mehr an Vorabinformation und Dokumentation von ausländischen Unternehmen als von deutschen Unternehmen verlangte. Der EuGH erkannte hier zu Gunsten der deutschen Urlaubskasse, da Zweck des Verwaltungsaufwandes die Garantie der günstigeren deutschen Urlaubsbestimmungen für die Bauarbeiter ist. Es sei zwar unter Umständen ein Verstoß gegen die Dienstleistungsfreiheit gegeben, allerdings sei dieser durch den Schutz der Rechte der Dienstnehmer und Dienstnehmerinnen, die diesen unabhängig von Staatsbürgerschaften zusteht, gerechtfertigt. Die Erfahrung zeige, dass gerade ausländische Unternehmen, die Arbeiter nach Deutschland entsenden, oft nicht alle rechtlichen Vorgaben erfüllen. Daher dient der erhöhte Verwaltungsaufwand für ausländische Unternehmen dem Schutz der entsandten Arbeitnehmerinnen und Arbeitnehmer.

Diese Entscheidung sorgte für einen Aufschrei in der Literatur. Nicht mehr der Schutz der Dienstleistungsfreiheit stehe im Vordergrund der Betrachtung des Europäischen Gerichtshofes, sondern der Schutz der Arbeitnehmerinnen und Arbeitnehmer des Aufnahmestaates. Dies sei mit dem Wesen von Entsendungen und der Garantie der Grundfreiheiten nicht zu vereinbaren. Es käme zu einer unzulässigen Vermischung von Dienstleistungsfreiheit und Arbeitnehmerfreizügigkeit.[54]

### 3.4.4 Wolff und Müller

Herr Pereira war als Bauarbeiter bei einem portugiesischen Bauunternehmen beschäftigt, das als Subunternehmen für Wolff und Müller[55] Bauarbeiten in Berlin durchführte. Das portugiesische Unternehmen blieb Herrn Pereira Teile derfür den Zeit-

54 Vgl. Karl Riesenhuber, Europäisches Arbeitsrecht – eine systematische Darstellung, Heidelberg, 2009, 84–85.

55 EuGH vom 12.10.2004, C60/03, Wolff & Müller GmbH u. Co. KG/ José Filipe Pereira Félix, Slg. 2004, I-09553.

raum der Bauarbeiten in Berlin fälligen Lohnzahlungen schuldig. Nachdem nationale Bestimmungen eine Bürgenhaftung des Generalunternehmens, welches Subvergaben durchführt, vorsieht, klagte Herr Perreira Wolff und Müller auf den ausstehenden Lohn und bekam erstinstanzlich vor einem deutschen Gericht Recht. Wolff und Müller gingen in Berufung und wollten durchsetzen, dass die deutsche Garantiehaftung nicht auf Fälle von Arbeitnehmerinnen- und Arbeitnehmerentsendungen anzuwenden sei, da es nicht Hauptziel der Garantiehaftung sei, Arbeitnehmerinnen- und Arbeitnehmerschutzbestimmung zu sein.

Der EuGH folgte dieser Argumentation nicht und sieht, auch im Zusammenhang mit Entsendungen, diese Garantiehaftung als mit dem Europarecht vereinbar an. Argumentiert wird dies vor allem damit, dass das Garantieren von Arbeitnehmerinnen- und Arbeitnehmerrechten und das Garantieren der Grundfreiheiten spätestens seit der Entsenderichtlinie nicht als Widerspruch angesehen werden können. Im Endergebnis können entsandte Arbeitnehmerinnen und Arbeitnehmer von Subunternehmen deutscher Auftragsfirmen ihre Ansprüche im Zuge der Garantiehaftung gegen das subvergebende Unternehmen geltend machen.

### 3.4.5 Laval

Eine lettische Gewerkschaft wollte gegen die Firma Laval[56] vorgehen, die des Sozialdumpings beschuldigt wurde. Neben der nochmaligen Bestätigung der Entscheidung „Vander Elst“ wird klargestellt, dass auch gewerkschaftliche Kampfmaßnahmen, die die lettische Gewerkschaft gegen das Unternehmen Laval ergriffen hat, einen Verstoß gegen die Dienstleistungsfreiheit darstellen können. Mitgliedstaaten haben daher dafür zu sorgen, dass die Dienstleistungsfreiheit garantiert wird und Streiks und

56 EuGH v. 18.12.2007, C-341/05, Laval un Partneri, 2007 I – 11767.

andere Mittel des Arbeitskampfes das Ausleben der Grundfreiheiten nicht behindern.

Es zeigt sich ein anderer Aspekt der europarechtlichen Betrachtung von Arbeitsrechtskonflikten. Hier stellt der EuGH die Grundfreiheiten dem, jedenfalls national geregelten, Recht auf Bildung von freiwilligen Interessenvereinigungen gegenüber. Unverständlicherweise übersieht er dabei, dass Art. 151 AEUV die Verbesserung der Arbeitsbedingungen innerhalb der Europäischen Union vorsieht. Außerdem regelt Art. 153 AEUV, dass es nicht Sache der Europäischen Union ist, sich in Regelungen von Arbeitskonflikten einzuschalten. Dies ist allein Sache der nationalen Gesetzgeber. Firlei kritisiert diese Sicht des EuGH massiv und sieht einen klaren Verstoß und eine Kompetenzüberschreitung.[57]

### 3.4.6 Vicoplus und Meat

Das polnische Unternehmen Vicoplus[58] verlieh polnische Arbeitskräfte an niederländische Unternehmen, die dann Tätigkeiten auf niederländischem Staatsgebiet ausübten. Die niederländischen Behörden stellten fest, dass die polnischen Arbeiter über keine Arbeitserlaubnis für die Niederlande verfügten.

Der EuGH stellte klar, dass dies grundsätzlich eine Entsendetätigkeit ist. Allerdings bestand seit dem EU-Beitritt Polens eine Beschränkung des Zugangs für polnische Arbeitskräfte auf den Arbeitsmarkt der restlichen EU-Staaten. Der EuGH erkannte daher, dass der Umweg über ein Personalleasingunternehmen diese Beschränkung umgeht. Daher sah er in diesem Fall das Verleihen der polnischen Arbeiter als Umgehen der Zugangs-

57 Klaus Firlei, Lohn- und Sozialdumping – einige grundsätzliche Überlegungen, in Das Recht der Arbeit infas Ausgabe 6/2016, online unter http://www.drda.at/cms/X06/X06_3.16.6.b, Stand 9.10.2017.

58 EuGH vom 10.2.2011, C307/09, Vicoplus SC PUH/Minister van Soziale Zaken en Werkgelegenheid, Slg. 2011, I-00453.

beschränkungen polnischer Arbeitskräfte an. Somit wurde die allgemein gültige Rechtsprechung seit dem Fall „Rush Portuguesa“ konkretisiert.

Inhaltlich ähnlich argumentierte der EuGH in der Entscheidung Meat,[59] bei der es sich um ein ungarisches Personalleasingunternehmen handelte, dass Arbeitskräfte einem österreichischen Unternehmen überließ.

### 3.4.7 Isbir[60]

Herr Isbir war als Gebäudereiniger beschäftigt und stritt mit seinem Dienstgeber wegen unterschiedlicher Auffassungen über den anzuwendenden Tarifvertrag. Herr Isbir erhielt zwar weniger Stundenlohn, als der Tarifvertrag vorsah, allerdings bekam er vom Dienstgeber Sachleistungen wie eine Dienstwohnung zur Verfügung gestellt. Fraglich war nun, ob man die Sachleistung – in Geldwert umgerechnet – auf die Ansprüche, die im Tarifvertrag geregelt sind, anrechnen kann.

Das deutsche Arbeitsgericht befasst den EuGH mit dieser Frage. Zwar handle es sich rechtlich betrachtet um eine rein deutsche Rechtsfrage, allerdings müssen Grundbegriffe wie das Mindestentgelt europaweit einheitlich ausgelegt werden, weshalb es einer europarechtlichen Klärung bedurfte.

Der EuGH stellte fest, dass Lohn zwar in Geld ausbezahlt werden muss, aber der Entgeltbegriff weiter aufgefasst werden müsse. Bestandteile des Entgelts können sehr wohl auch Sachleistungen sein, weshalb eine Aufrechnung von Sachleistungen auf das Mindestentgelt zulässig sei.

59 EuGH vom 18.6.2015, C586/13, Martin Meat kft/Géza Simonfay, Ulrich Salburg.

60 EuGH vom 7.11.2013, C522/12, Tefvik Isbir/DB Services GmbH.

## 3.5 Anwendung österreichischer Mindestlohnvorschriften

In Österreich regeln § 7 und § 7b AVRAG[61] die Ansprüche von Arbeitnehmerinnen und Arbeitnehmern mit gewöhnlichem Arbeitsort in Österreich gegen ausländische Arbeitgeber und Arbeitgeberinnen. In diesem Gesetzesteil erfolgte auch die nationale Umsetzung der Entsenderichtlinie. Konkretisiert werden die Bestimmungen des AVRAG durch das neu geschaffene LSD-BG. § 3 Abs. 1 LSD-BG normiert, dass Arbeitnehmerinnen und Arbeitnehmer von Arbeitgebern und Arbeitgeberinnen, die keinen Sitz in Österreich haben, dann auf das nach Gesetz, Verordnung oder Kollektivvertrag zustehende Entgelt Anspruch haben, wenn ihr gewöhnlicher Arbeitsort Österreich ist. Welcher Kollektivvertrag anzuwenden ist, ergibt sich aus § 3 Abs. 2 LSD-BG. Entweder sind der Arbeitgeber bzw. die Arbeitgeberin ohnehin Mitglied einer kollektivvertraglichen Körperschaft, oder es sind die Mitgliedschaften vergleichbarer Arbeitgeber und Arbeitgeberinnen heranzuziehen. Dies ist im Einzelfall nicht immer leicht, aber notwendig, damit nicht nur aus dem ArbVG[62] auf den anzuwendenden Kollektivvertrag geschlossen werden kann. Daraus ergibt sich, dass der entsendete Arbeitnehmer bzw. die entsendete Arbeitnehmerin Anspruch auf das kollektivvertragliche Entgelt hat. Unabhängig von steuerlichen Regelungen einzelner Mitgliedstaaten handelt es sich bei diesem Anspruch um Bruttobeträge inklusive aller gebührenden Zulagen und Sonderzahlungen.[63]

### 3.5.1 Der Entgeltanspruch im Einzelnen

> „Das Entgelt ist die Gegenleistung des Arbeitgebers für die Handlungen des Arbeitnehmers. Leistungen des Arbeit-

61 Arbeitsvertragsrechts-Anpassungsgesetz-AVRAG, BGBl. Nr. 459/1993.
62 Bundesgestz vom 14. Dezember 1973 betreffend die Arbeitsverfassung, BGBl. Nr. 22/1973.
63 Wiesinger, LSD-BG, 24.

gebers, die der Ermöglichung der Erbringung der Arbeitsleistung dienen, zählen daher nicht zum Entgelt."[64]

Die zur Verfügung Stellung von Arbeitsmitteln oder Aufwandsersätze gehören daher nicht zum Entgelt, auch wenn die Abgrenzung im Einzelfall nicht unproblematisch ist (siehe unten).

Die Festlegung des Entgelts erfolgt in Österreich im Wesentlichen durch die Kollektivverträge. Wichtigster Entgeltbestandteil ist dabei der Lohn oder das Gehalt, das bzw. der sich nach den Lohnordnungen der einzelnen Kollektivverträge richtet. Dabei unterscheidet man Zeitlohn und Leistungslohn. Beim Zeitlohn wird pro geleisteter Stunde bezahlt. Beim Leistungslohn werden leistungsbezogene Systeme, wie etwa Akkordprämien, für die Entlohnung herangezogen. Was genau entsendeten Arbeitnehmerinnen und Arbeitnehmern zusteht, ergibt sich aus der Zuordnung der Tätigkeit zu den jeweiligen Lohnordnungen des anzuwendenden Kollektivvertrags.[65]

Einordnungsschwierigkeiten ergeben sich aus den spezifischen österreichischen Begriffen. Ein Facharbeiter ist zum Beispiel eine Arbeitnehmerin oder ein Arbeitnehmer, der eine Lehrzeit positiv absolviert hat und die Lehrabschlussprüfung positiv abgelegt hat, es sei denn, ein Kollektivvertrag sieht anderes vor. Entsendete Arbeitnehmerinnen und Arbeitnehmer konnten unter Umständen keine Lehre absolvieren, weil es das System der Lehrlingsausbildung im Entsendestaat so nicht gibt. Dennoch ist im Vorfeld der Einstufung festzustellen, ob es sich beim entsendeten Arbeitnehmer oder bei der entsendeten Arbeitnehmerin um eine gleichwertig qualifizierte Kraft handelt. Ist dies der Fall, so hat der Arbeitnehmer oder die Arbeitnehmerin Anspruch auf den Lohn eines Facharbeiters, der im österreichischen Kollektivvertrag vorgesehen ist.[66] Weitere Entgeltbestandteile sind nach österreichischer Auffassung Zuschläge, hier sind vor allem

64 Wiesinger, LSD-BG, 59.
65 Wiesinger, LSD-BG, 62–63.
66 Wiesinger, LSD-BG, 64–65.

Überstundenzuschläge praktisch bedeutsam, Zulagen des jeweiligen Kollektivvertrags, Sonderzahlungen, Jubiläumsgelder sowie die Entgeltfortzahlung.

Auch pauschalierte Taggelder sind seit der Entscheidung Sähköalojen amattliliitto Teil des Mindestentgeltanspruches. Entgeltfortzahlungsansprüche richten sich allerdings weiterhin nach dem Recht des Entsendestaates. Weiters gebühren keine Jubiläumsgelder, da für sie keine Aliquotierung vorgesehen ist.[67]

## 3.6 Feststellung des anzuwendenden Kollektivvertrags

Ein ausländisches Unternehmen muss in Österreich keine Gewerbeberechtigung besitzen. Das bedeutet, dass ausländische Unternehmen nicht Mitglied einer kollektivvertragsfähigen Körperschaft sind. Somit sind ausländische Unternehmen auch nicht von den Geltungsbereichen der einzelnen Kollektivverträge erfasst, da diese immer auf Betriebe abstellt, die Mitglied einer Innung oder eines Fachverbandes sind.[68]

Nachdem die Entsenderichtlinie und die nationale Umsetzung aber eben auf diese Kollektivverträge abzielt, muss ein Modus gefunden werden, um zu einer kollektivvertraglichen Einordnung zu gelangen. Dies ist umso mehr notwendig, als in Österreich ein gesetzlicher Mindestlohn fehlt und der EuGH seit der Rechtsprechung in Sähköalojen von einer individuellen Anspruchsbetrachtung ausgeht.[69] Wiesinger sieht die in Österreich tatsächliche ausgeübte Tätigkeit des Entsendebetriebes als maßgebliche Größe. Auf Grund dieser soll eine fiktive Einordnung in das System der WKO und somit in eine zuständige Branche vorgenommen werden.[70] Der VwGH geht in einem Urteil von

67 Wiesinger, LSD-BG, 25.
68 Wiesinger, LSD-BG, 25.
69 Thüsing, Europäisches Arbeitsrecht, 321.
70 Wiesinger, LSD-BG, 25.

der tatsächlich ausgeübten Tätigkeit des Arbeitnehmers oder der Arbeitnehmerin aus, ohne dies ausreichend zu begründen.[71]

### 3.6.1 Ein Fallbeispiel

Die Problematik der Frage lässt sich am besten anhand eines Beispiels aufzeigen. Eine ungarische Firma mit Sitz in Sopron nahe der österreichischen Grenze produziert Fertigteilhäuser. Die Produktion dieser Häuser findet ausschließlich in Ungarn statt. Allerdings bietet das Unternehmen den vorwiegend österreichischen Kunden an, dass Montageteams die in Ungarn gefertigten Teile in Österreich montieren. Diese Montageteams sind Beschäftigte des Unternehmens, die für das Errichten der Häuser nach Österreich entsendet werden. Fraglich ist nun, nach welchem österreichischen Kollektivvertrag die entsendeten Arbeitnehmerinnen und Arbeitnehmer entlohnt werden müssen.[72]

Die entsendeten Arbeitnehmerinnen und Arbeitnehmer arbeiten sowohl mit Holz- als auch Betonteilen, sie setzen, je nach Art des Hauses, Holzteile zusammen bzw. stellen Schalungen auf. Sie errichten das Haus soweit fertig, dass die elektronischen Anschlüsse von geeigneten Fachfirmen gesetzt werden können und Installateure Wasser- und Wärmeinstallationen anbringen können.

Grundsätzlich kommen mehrere Kollektivverträge in Frage, die im genannten Fall anzuwenden sein könnten. Das ungarische Unternehmen erzeugt Fertigteilhäuser, was für eine Einordnung in den Kollektivvertrag der Holzindustrie[73] sprechen würde. Die Fertigung der Häuser erfolgt aber ausschließlich in Ungarn. Die fertige Ware wird dann nach Österreich verbracht, wo das Unternehmen die Dienstleistung des Aufstellens erbringt. Bezüg-

71 VwGH 26.9.2013/11/0176.

72 Dies ist kein fingiertes Beispiel, sondern wurde mir im Juni 2017 tatsächlich von einer Rechtsanwaltskanzlei zur Verfügung gestellt.

73 Vgl. Gewerkschaft Bau-Holz, §§ 1–2 Kollektivvertrag für die Holzverarbeitende Industrie, Stand 1. Mai 2016, 4, Wien 2016.

lich der Produktion besteht also kein grenzüberschreitender Bezug und keine Produktionstätigkeit in Österreich, sodass der Holzindustrie-KV nicht zur Anwendung kommt.

### 3.6.2 Fazit

Versucht man nach Wiesinger die Dienstleistungstätigkeiten fiktiv in das Organigramm der Innungen und Fachverbände der Wirtschaftskammer einzuordnen, muss im ersten Schritt die überwiegende Tätigkeit festgestellt werden. Nachdem Fertigteilhäuser üblicherweise hauptsächlich aus Holzkomponenten bestehen, die aufgebaut werden, entspricht diese Tätigkeit am ehesten eines Zimmermeisterbetriebes. Nach dieser Methode müssten die entsandten ungarischen Arbeitnehmerinnen und Arbeitnehmer nach dem Kollektivvertrag des Holzbaumeistergewerbes[74] entlohnt werden.

Versucht man den anzuwendenden Kollektivvertrag jedes Mal nach der tatsächlich ausgeübten Tätigkeit zu ermitteln, führt das zu unlösbaren Problemen. Werden beim Aufstellen der Fertigteilhäuser für eine gewisse Zeit vorrübergehend Maurerarbeiten erbracht, müsste dann der Kollektivvertrag für Arbeiter der Bauindustrie und des Baugewerbes zur Anwendung kommen?[75] Das Abstellen auf die tatsächliche Tätigkeit ergibt meiner Meinung nach keinen Sinn, da sich die Entlohnung nach österreichischen Kollektivverträgen eben nicht zwangsläufig nach der erbrachten Tätigkeit richtet, sondern immer in erster Linie der Einordnung des Dienstgebers bzw. der Dienstgeberin in eine Branche der Wirtschaftskammer. Erst im zweiten Schritt, nachdem die Zugehörigkeit zu einem Kollektivvertrag geklärt wurde, erfolgt die Einordnung in eine Lohnkategorie nach Kriterien, die mehr oder weniger auf die tatsächlich erbrachte Tätigkeit abstellen.

74 Vgl. Gewerkschaft Bau-Holz, § 1 Kollektivvertrag für das Holzbau-Meistergewerbe, Stand 1. Mai 2016, 5, Wien 2016.

75 Vgl. Gewerkschaft Bau-Holz, § 1 Bau-KV.

Insofern scheint der Lösungsansatz von Wiesinger geboten, dass eine Mitgliedschaft in einer passenden Branche zu fingieren ist. Dies scheint mir auch logische Folge der Rechtsprechung in Sähköalojen. (siehe unten)

## 3.7 Das Günstigkeitsprinzip bei Entsendungen

Art. 3 Abs. 7 der Entsende-RL normiert, dass die in der Richtlinie genannten Vorschriften Mindeststandards sind. Günstigere arbeitsrechtliche Regelungen des Entsendestaates bleiben in vollem Umfang aufrecht. Es muss daher ein Rechtsvergleich der Normen des Entsende- und des Empfangsstaates vorgenommen werden.[76] Dies kann im Einzelnen eine mühsame Detailarbeit bedeuten. Beim Vergleich des Urlaubsanspruchs in BUAG[77] unterworfenen Betrieben und des Anspruches von entsendeten Bauarbeitern wird dieser vorzunehmende Günstigkeitsvergleich noch näher betrachtet werden müssen.

Zusammengefasst kann gesagt werden, dass die Entsende-Richtlinie das Herkunftslandprinzip in wesentlichen Teilen durchbricht. Ausgenommen in Fällen, in denen das im Entsendestaat vorgesehene Entgelt für den entsendeten Arbeitnehmer bzw. die Arbeitnehmerin günstiger ist, gilt die Gleichstellung mit dem Arbeitnehmer bzw. der Arbeitnehmerin des Empfangsstaates.

## 3.8 Einschränkung der Dienstleistungsfreiheit bei Entsendungen

Wie schon oben erwähnt, haben die Mitgliedstaaten sicherzustellen, dass Entsendungen als Fall der Dienstleistungsfreiheit nicht behindert werden. Wie oben schon mehrmals dargestellt, führt diese Tatsache immer wieder zu politisch unbefriedigenden Situationen. Vor allem, wenn auf Grund der Möglichkeit, sich auf die Dienstleistungsfreiheit zu berufen, ausländische Unterneh-

76 Thüsing, Europäisches Arbeitsrecht, 320.

77 Bauarbeiter- Urlaubs- und Abfertigungsgesetz.

men günstiger am Markt anbieten können als einheimische, stellt sich die Frage, ob die Dienstleistungsfreiheit nicht in Wahrheit Wettbewerb verzerrt beziehungsweise eine Spirale des sozialen Downgradings befördert.

Vielleicht ist sich der EuGH in der jüngeren Rechtsprechung dieser Diskrepanz bewusstgeworden. Seit den Entscheidungen in „Finalarte" und „Wolff und Müller" wird dem Gedanken des Schutzes von Arbeitnehmerinnen- und Arbeitnehmerrechten mehr Bedeutung beigemessen. Spätestens seit der Entscheidung im Fall „De Clerqc" misst der EuGH diesem Schutz einen höheren Stellenwert bei.

### 3.8.1 De Clerqc[78]

Die Familie De Clerqc ist Eigentümer der Firma Thermotec, die immer wieder auf entsandte polnische Arbeiter zurückgreift und diese für kürzere oder längere Zeiträume beschäftigt. Es ist in den Niederlanden Vorschrift, für entsandte Dienstnehmer und Dienstnehmerinnen ein Formular (Formular E101) auszufüllen und an die niederländischen Behörden zu senden. Dies dient in erster Linie dem Schutz der Arbeitnehmerinnen und Arbeitnehmer, da die Gefahr von Unterentlohnung bei Entsendung bekannt ist und durch das Melden eine Kontrolle des Mindestlohns leichter möglich ist.

Die Familie wendete gegen diese Praxis ein, dass dieser erhöhte Verwaltungsaufwand eine Einschränkung der Dienstleistungsfreiheit darstelle und somit gegen EU-Recht verstoße. Offenbar hatte die Familie dabei die Rechtsprechung des EuGH im Falle Rush Portuguesa im Sinn. Sie wendete sich nach einer Kontrolle durch die Behörden an ein nationales Gericht und wollte erreichen, dass die Formulare nicht mehr ausgefüllt werden müssen.

78 EuGH vom 3. Dezember 2014, De Clerqc u.a., C-315/13.

Der EuGH lehnte dieses Ansuchen ab und benannte Bedingungen für die Einschränkung der Dienstleistungsfreiheit bei Entsendungen:

Der EuGH nimmt im Urteil[79] auf frühere Fälle, vor allem auf „Finalarte", Bezug und benennt ausdrücklich, dass die Dienstleistungsfreiheit bei Entsendungen eingeschränkt werden kann, wenn diese Einschränkung dem Schutz der entsendeten Arbeitnehmerinnen und Arbeitnehmer dient, unlauteren Wettbewerb verhindert und der Bekämpfung von Sozialbetrug und Schwarzarbeit dient.[80]

Diese Entscheidung wurde vor allem in der Interessensvertretung der Arbeitnehmerinnen und Arbeitnehmer mit Genugtuung aufgenommen. Die genannten Rechtfertigungsgründe verführen natürlich dazu, regulatorische Maßnahmen zu ergreifen, die letzten Endes protektionistisch die hohen Standards von Aufnahmestaaten schützen sollen und bequem mit dem Schutz vor Sozialbetrug, Schwarzarbeit oder Sozialbetrugsbekämpfung argumentiert werden. Dabei sollte allerdings nicht außer Acht gelassen werden, dass es nach wie vor Aufgabe der Mitgliedstaaten ist, die Grundfreiheiten zu garantieren. Es wird wohl immer jeder Einzelfall für sich beurteilt werden müssen. Eine Abwägung zwischen dem Interesse zur Aufrechterhaltung der Dienstleistungsfreiheit auf der einen Seite und den schutzwürdigen Interessen der entsendeten Arbeitnehmerinnen und Arbeitnehmer selbst, aber auch der der Arbeitnehmerinnen und Arbeitnehmer des Empfangsstaates, wird vorzunehmen sein.

79 EuGH vom 3. Dezember 2014, De Clerqc u.a, C-315/13, RN 62–65.

80 Martin Risak, Die Dinge anders angehen? Überlegungen zum Vorschlag der Kommission zur Änderung der Entsende-RL 96/71/EG, online unter http://www.drda.at/cms/X06/X06_3.16.5.b, Stand 27.9. 2017.

## 3.9 Dauer von Entsendungen

Entsendungen können nach derzeit gültiger Rechtslage unbegrenzt lange andauern, so lange der entsendete Arbeitnehmer bzw. die Arbeitnehmerin und der entsendende Arbeitgeber bzw. Arbeitgeberin einen Rückkehr- beziehungsweise Rückholungswillen haben.[81] Diese derzeitige Rechtslage muss wohl als unbefriedigend empfunden werden. Eine Entsendung ist systematisch immer mit einer Dienstleistung verbunden, die allein schon von der Logik nicht unendlich lange dauern kann. Denkbar ist natürlich, dass ein entsendender Unternehmer bzw. eine Unternehmerin immer neue Dienstleistungen im gleichen Empfangsstaat erbringt, und seine entsendeten Arbeitnehmerinnen und Arbeitnehmer ohne zeitliche Unterbrechung beschäftigt. Dieser Fall erscheint aber jedenfalls als höchst unwahrscheinlich. Selbst die EU-Kommission hat diese Unlogik erkannt und 2016 einen Vorschlag zur Anpassung der Entsende-RL ausgearbeitet.

### 3.9.1 Der Änderungsvorschlag der Kommission

Die Kommission hat im Jahr 2016 einen Änderungsvorschlag der Entsende-RL unterbreitet, der bis dato aber nicht beschlossen wurde. Dennoch gibt er Einblick in eine mögliche, zukünftige Entwicklung von Entsendungen. Vorgeschlagen wird, dass Entsendungen nur bis zu 24 Monate weiterhin wie bisher behandelt werden sollen. Bei Entsendungen, bei denen mehrere entsendete Dienstnehmer und Dienstnehmerinnen die gleiche Aufgabe abwechselnd ausführen, treten die Änderungen dann ein, wenn diese Wechsel nach sechs Monaten stattfinden. Danach gilt automatisch der Empfangsstaat als gewöhnlicher Arbeitsort. Auch sollen zukünftig alle Kollektiv- bzw. Tarifverträge in vollem Umfang bei Entsendungen anwendbar sein. Bis jetzt trifft dies nur auf die Kollektivverträge der Bauwirtschaft zu. Weiters

81 Kühteubl/Kozek, Arbeitnehmerinnen und Arbeitnehmerentsendung – arbeitsrechtliche Darstellung der Beschäftigung von Arbeitnehmerinnen und Arbeitnehmern im Ausland, Wien 2010, Rz 112–143.

soll die Einhaltung der arbeitsrechtlichen Vorschriften bei Sub- und Subsubvergaben eigens geregelt werden.[82]

### 3.9.2 Verhandlungsergebnis im März 2018

Der von der EU-Kommission vorgelegte Änderungsvorschlag wurde von vielen Seiten kritisiert und heftig diskutiert. Für einige Staaten ging der Vorstoß zu weit, für andere, hier vor allem für Frankreich und Österreich, griff er deutlich zu kurz. Bei einer durchschnittlichen Entsendedauer von 72 Tagen müsse schon vom ersten Tag der Entsendung an eine Versicherungspflicht im Empfangsstaat bestehen, wurde vor allem von österreichischen Gewerkschaften gefordert.[83]

Nach Verhandlungen mit dem Europäischen Parlament konnte ein klassischer Kompromiss erzielt werden. Entsendungen dürfen in Zukunft nicht länger als zwölf Monate dauern, eine Verlängerung um sechs Monate ist allerdings möglich. Gelten sollen diese neuen Spielregeln allerdings erst ab 2021.[84]

## 3.10 Die Durchsetzungs-Richtlinie[85]

Ergänzend zur Entsenderichtlinie wurde 2014 die Durchsetzungs-Richtlinie ins Leben gerufen. Dies geschah nicht zuletzt

82 Martin Risak, Die Dinge anders angehen? Überlegungen zum Vorschlag der Kommission zur Änderung der Entsende-RL 96/71/EG, online unter http://www.drda.at/cms/X06/X06_3.16.5.b, Stand 27.9. 2017.

83 Vgl. GBH, Entsende-RL: gefordert, online unter http://www.bau-holz.at/cms/D01/D01_4.2.4.a/1342588646165/news-themen/themen/lohndumping/entsende-rl-hartinger-gefordert .

84 Der Standard vom 1.3.2018, EU-Entsenderichtlinie laut EU-Kommissarin Thyssen entscheidungsreif, online unter https://derstandard.at/2000075238558/Vorlaeufige-Einigung-auf-EU-Entsenderichtlinie.

85 Richtlinie des Europäischen Rates und des Europäischen Parlaments vom 15. Mai 2014 zur Durchsetzung der Richtlinie 96/71/EG über die Entsendung von Arbeitnehmerinnen und Arbeitnehmern im Rahmen der Erbringung von Dienstleistungen und zur Änderung der Verord-

auf Druck der Arbeitnehmerinnen- und Arbeitnehmerinteressenvertretungen, die zu diesem Zeitpunkt mit einigen Entscheidungen des EuGH unzufrieden waren. Die Richtlinie beinhaltet drei wesentliche Punkte:

1. Die Mitgliedstaaten werden in Artikel 5 verpflichtet, das einzuhaltende Recht elektronisch zur Verfügung zu stellen. Österreich kommt dieser Verpflichtung durch das Betreuen der Seite www.entsendeplattform.at nach.
2. Die Mitgliedstaaten werden zur gegenseitigen Amtspflege verpflichtet, um etwaige Ansprüche aus Entsendungen auch effektiv kontrollieren und durchsetzen zu können (Art. 6).
3. Im Baubereich wird in Art. 12 eine Haftung für Subvergaben im Baubereich verankert. Diese Regelung ermöglicht geschädigten Arbeitnehmerinnen und Arbeitnehmern, direkt den Auftraggeber des Arbeitgebers bzw. der Arbeitgeberin zu belangen (siehe unten).[86]

## 3.11 Die IMI-Verordnung[87]

Die IMI-Verordnung ergänzt die Entsende-Richtlinie insofern, als sie ein Informationssystem schafft, das dem Behördenaustausch dient und so hilft, die Behördenzusammenarbeit zu fördern und Verstöße gegen die Bestimmungen der Entsende-RL zu bekämpfen.[88]

---

nung (EU) Nr. 1024/2012 über die Verwaltungszusammenarbeit mit Hilfe des Binnenmarkt-Informationssystems („IMI-Verordnung"), L159/11.

86 Wiesinger, LSD-BG, 23.

87 Verordnung Nr. 1024/2012 des Europäischen Parlaments und des Rates vom 25. Oktober 2012 über die Verwaltungszusammenarbeit mit Hilfe des Binnenmarkt-Informationssystem und zur Aufhebung der Entscheidung 2008/49/EG der Kommission (IMI-Verordnung).

88 Wiesinger, LSD-BG, 23.

# 4. Das Urteil Sähköalojen ammattiliitto und seine Auswirkungen

## 4.1 Der Sachverhalt

ESA ist ein Unternehmen mit Sitz in Polen, welches in der Elektrobranche tätig ist und unter anderem eine Zweigniederlassung in Finnland hat. Das Unternehmen erhielt einen Auftrag für die Ausführung von Elektroarbeiten beim Bau des Kernkraftwerkes Olkiluoto in Eurajoki, Finnland. ESA nahm daraufhin in Polen 186 Arbeitnehmerinnen und Arbeitnehmer auf, die in die finnische Zweigniederlassung entsandt wurden. Die Mitarbeiter wurden in der Stadt Eurajoki untergebracht, welche 15 Kilometer von der Baustelle entfernt gelegen ist. Das Unternehmen war nicht bereit, die Zeit des Weges von der Unterkunft zur Baustelle und wieder zurück zu bezahlen. Zusätzlich beanstandeten die Arbeitnehmerinnen und Arbeitnehmer, dass sie nicht den ihnen nach dem finnischen Tarifvertrag zustehenden Mindestlohn erhalten haben. Sie traten ihre Forderungen an die finnische Gewerkschaft Sähköalojen ammattiliitto ab, die ESA vor einem finnischen Gericht verklagte und argumentierte, dass ESA eine nicht richtige Einordnung der Arbeitnehmerinnen und Arbeitnehmer in die Lohnkategorie des anzuwendenden Tarifvertrages vorgenommen habe. Zudem habe ESA in Bezug auf Wegezeitentschädigung, Unterbringungskosten und Tagegeld zu wenig bezahlt. Insgesamt klagte die finnische Gewerkschaft auf Zahlung von 6,6 Millionen Euro. ESA beantragte die Abweisung der Klage und gab an, dass die Gewerkschaft nicht befugt sei, Forderungrn im Namen der Arbeitnehmerinnen und Arbeitnehmer zu stellen, da dies das polnische Recht nicht vorsehe.[89]

89 Windisch-Graetz, Anspruch auf Durchsetzung von Mindestlöhnen bei grenzüberschreitenden Entsendungen, in Das Recht der Arbeit, 508–515.

Das finnische Gericht hatte Zweifel bei der Auslegung der Entsenderichtlinie und leitete ein Vorlageverfahren ein, bei dem die folgenden Fragen gestellt wurden:

1. Kann eine im Interesse von Arbeitnehmerinnen und Arbeitnehmern handelnde Gewerkschaft sich direkt auf Art. 47 der Grundrechtecharta als unmittelbare Rechtsquelle gegenüber einem Dienstleistungserbringer aus einem anderen Mitgliedstaat berufen, wenn die als Art. 47 zuwiderlaufend gerügte Bestimmung (Art. 84 des polnischen Arbeitsgesetzbuchs) eine rein nationale Vorschrift ist?

2. Folgt in einem Gerichtsverfahren wegen fälliger Forderungen im Sinne der Richtlinie 96/71/EG im Beschäftigungsstaat aus dem Unionsrecht, insbesondere aus dem sich aus Art. 47 der Grundrechtecharta sowie Art. 5 Abs. 2 und Art. 6 der genannten Richtlinie ergebenden Grundsatz des effektiven Rechtsschutzes, ausgelegt in Verbindung mit der in Art. 12 der Grundrechtecharta garantierten Vereinigungsfreiheit im gewerkschaftlichen Bereich (Koalitionsfreiheit), dass das nationale Gericht eine Vorschrift des Arbeitsgesetzbuchs des Heimatstaats der Arbeitnehmerinnen und Arbeitnehmer unangewendet lassen muss, die der Übertragung einer Lohnforderung auf eine Gewerkschaft des Beschäftigungsstaats zur Einziehung entgegensteht, wenn die entsprechende Vorschrift des Beschäftigungsstaats die Übertragung der fälligen Lohnforderung zur Einziehung und so der Klägerstellung auf die Gewerkschaft, der alle Arbeitnehmerinnen und Arbeitnehmer angehören, die ihre Forderung zur Einziehung übertragen haben, zulässt?

3. Sind die Bestimmungen des Protokolls Nr. 30 zum Vertrag von Lissabon dahin auszulegen, dass auch ein anderes als in Polen oder dem Vereinigten Königreich gelegenes nationales Gericht sie berücksichtigen muss, falls der fragliche Streit eine enge Verbindung zu Polen aufweist und insbesondere das auf die Arbeitsverträge anwendbare Recht das polnische

Recht ist? Anders gesagt: Hindert das polnisch-britische Protokoll ein finnisches Gericht an der Feststellung, dass Rechts- oder Verwaltungsvorschriften, eine Verwaltungspraxis oder Verwaltungsmaßnahmen Polens gegen die in der Grundrechtecharta proklamierten Grundrechte, Freiheiten und Grundsätze verstoßen?

4. Ist Art. 14 Abs. 2 der Verordnung Nr. 593/2008 unter Berücksichtigung von Art. 47 der Grundrechtecharta dahin auszulegen, dass er der Anwendung einer nationalen Regelung eines Mitgliedstaats entgegensteht, nach der es verboten ist, Forderungen und Ansprüche aus dem Arbeitsverhältnis zu übertragen?

5. Ist Art. 14 Abs. 2 der Verordnung Nr. 593/2008 dahin auszulegen, dass das auf die Übertragung von Forderungen aus dem Arbeitsvertrag anwendbare Recht das Recht ist, das nach der Verordnung Nr. 593/2008 für den fraglichen Arbeitsvertrag gilt, ohne dass es darauf ankommt, ob auf den Inhalt eines einzelnen Anspruchs auch die Vorschriften eines anderen Rechts einwirken?

6. Ist Art. 3 der Richtlinie 96/71 im Licht der Art. 56 AEUV und 57 AEUV dahin auszulegen, dass der Begriff der Mindestlohnsätze Grundstundenlohn je nach Lohngruppe, Akkordgarantielohn, Urlaubsgeld, festes Tagegeld und eine Entschädigung für den täglichen Weg zur Arbeit (Wegezeitentschädigung) umfasst entsprechend der Festlegung dieser Arbeitsbedingungen in dem für allgemeinverbindlich erklärten Tarifvertrag, die unter den Anhang der Richtlinie fallen?

   a) Sind die Art. 56 AEUV und 57 AEUV und/oder Art. 3 der Richtlinie 96/71 dahin auszulegen, dass sie die Mitgliedstaaten daran hindern, als sogenannter Gaststaat in ihren nationalen Rechtsvorschriften (allgemeinverbindlicher Tarifvertrag) Dienstleistungserbringer aus anderen Mitgliedstaaten zu verpflichten, den in sein Hoheitsgebiet entsandten Arbeitnehmerinnen und Arbeitnehmern Wegezeitentschädigung und Tagegeld zu zahlen, wenn man berücksichtigt, dass nach den in Bezug genommenen nationalen Rechtsvorschriften der entsandte Arbeitnehmer während der gesamten Dauer der Entsendung als im Rahmen einer Dienstreise tätig angesehen wird, so dass er Anspruch auf Entschädigung der Wegezeit und Tagegelder hat?

b) Sind die Art. 56 AEUV und 57 AEUV und/oder Art. 3 der Richtlinie 96/71 dahin auszulegen, dass sie es dem nationalen Gericht verwehren, einer etwaigen von einem Unternehmen aus einem anderen Mitgliedstaat in seinem Heimatstaat geschaffenen und angewandten Lohngruppeneinteilung die Anerkennung zu versagen?

c) Sind die Art. 56 AEUV und 57 AEUV und/oder Art. 3 der Richtlinie 96/71 dahin auszulegen, dass sie es einem Arbeitgeber oder einer Arbeitgeberin aus einem anderen Mitgliedstaat erlauben, wirksam und für das Gericht des Beschäftigungsstaats verbindlich die Einordnung der Arbeitnehmerinnen und Arbeitnehmer in Lohngruppen festzulegen, wenn in einem allgemeinverbindlichen Tarifvertrag des Beschäftigungsstaats eine vom Ergebnis her andere Einordnung in Lohngruppen vorgesehen ist, oder kann der Gastmitgliedstaat, in den die Arbeitnehmerinnen und Arbeitnehmer des aus dem anderen Mitgliedstaat stammenden Dienstleistungserbringers entsandt worden sind, dem Dienstleistungserbringer vorschreiben, welche Bestimmungen er bei der Einordnung der Arbeitnehmerinnen und Arbeitnehmer in die Lohngruppen zu beachten hat?

d) Sind bei der Auslegung von Art. 3 der Richtlinie 96/71 im Licht der Art. 56 AUEV und 57 AEUV die Übernahme der Unterbringungskosten, zu der der Arbeitgeber und Arbeitgeberinnen aufgrund des in Frage 6 erwähnten Tarifvertrags verpflichtet ist, und die Gewährung der Essensgutscheine, die der aus einem anderen Mitgliedstaat stammende Dienstleistungserbringer nach dem Arbeitsvertrag austeilt, als Entschädigung für durch die Entsendung entstandene Kosten anzusehen oder fallen sie unter den Begriff der Mindestlohnsätze im Sinne von Art. 3 Abs. 1?

e) Ist Art. 3 der Richtlinie 96/71 in Verbindung mit den Art. 56 AEUV und 57 AEUV dahin auszulegen, dass ein allgemeinverbindlicher Tarifvertrag des Beschäftigungsstaats bei der Auslegung der Frage nach der Akkordentlohnung, der Wegezeitentschädigung und den Tagegeldern als durch Erfordernisse der öffentlichen Ordnung gerechtfertigt angesehen werden muss?

## 4.2 Klageabtretung an die Gewerkschaft

Die Fragen eins bis fünf beschäftigen sich damit, ob die finnische Gewerkschaft überhaupt befugt ist, Arbeitnehmerinnen und Arbeitnehmer mit polnischen Arbeitsverträgen zu vertreten, auch wenn dies nach nationalem polnischen Recht nicht möglich ist. Dies bejaht der EuGH in seiner Begründung. Nach dem Grundsatz der lex fori müssen Gerichte eines Staates grundsätzlich die Verfahrensrechte des eigenen Staates anwenden. Zusätzlich besagt Art 14 Abs 2 der Rom I-VO, dass die Forderung des im Empfangsstaat geltenden Mindestlohns nach den einschlägigen kollisionsrechtlichen Vorschriften und im Sinne der Entsenderichtlinien nach finnischem Recht zu beurteilen ist. Die Lehre, insbesondere Windisch-Graetz, kritisiert die zu knappe und kryptische Begründung des EuGH, sieht die Entscheidung selbst aber als richtig an.[90]

Betont werden muss außerdem, dass die Tatsache, dass es sich hier um eine Entsendung innerhalb eines Unternehmens zu

90 Windisch-Graetz, Anspruch auf Durchsetzung von Mindestlöhnen bei grenzüberschreitenden Entsendungen, in Das Recht der Arbeit, 508–515.

einer Zweigniederlassung handelt, für die Frage des anzuwenden Rechts keine Rolle spielt. Erstens sind Entsendungen zu Zweitniederlassungen ausdrücklich von der Entsenderichtlinie als eben solche erfasst, zweitens wäre eine Ausnahme derartiger Entsendungen geradezu systemzerstörend.

## 4.3 Anspruch auf Lohnbestandteile

Im zweiten Teil des Urteils nimmt der EuGH zur vorgelegten Frage der Bewertung von Lohnbestandteilen und ihren eventuellen Anspruch aus der Entsendeverordnung Stellung. Zur Erinnerung sei erwähnt, dass Art. 3 Abs. 1 Entsende-RL den Empfangsstaat verpflichtet, zu garantieren, dass entsendete Arbeitnehmerinnen und Arbeitnehmer die dort geltenden Mindestlohnsätze einschließlich Überstundensätze erhalten. So genannte Entsendezulagen gelten ebenfalls als Bestandteil des Mindestlohns, es sei denn, es handelt sich um den Ersatz von tatsächlich entstandenen Kosten.[91] Das Bezahlen von Reisekosten, Hotelrechnungen und von Verpflegung ist somit nicht Bestandteil des Lohnes.

Angespielt wird somit auf pauschalierte Aufwandsentschädigungen, die üblicherweise in Tarif- oder Kollektivverträgen verankert sind. Diese gebühren bei einer Dienstreise, die länger als eine bestimmte Zeitspanne dauert, unabhängig von den konkreten Ausgaben des einzelnen Arbeitnehmers bzw. der einzelnen Arbeitnehmerin. Im österreichischen Kollektivvertrag für Arbeiter der Bauindustrie und des Baugewerbes gibt es derartige pauschalierte Aufwandsentschädigungen für Dienstreisen (sog. Taggeld) und für Nächtigungen, wenn der Arbeitgeber oder die Arbeitgeberin kein Quartier zur Verfügung stellt.[92] Schon in der weiter oben beschriebenen Rechtssache Isbir[93] und in einer wei-

91 Windisch-Graetz, Anspruch auf Durchsetzung von Mindestlöhnen bei grenzüberschreitenden Entsendungen, in Das Recht der Arbeit, 513.

92 Vgl. § 9 Bau-KV.

93 EuGH in Isbir, C-522/12.

ter zurückliegenden Entscheidung hat sich der EuGH mit der Frage der Mindestlohnbestandteile auseinandergesetzt.[94]

Aus welchen Bestandteilen der Mindestlohn im Sinne der Entsenderichtlinie besteht, richtet sich nach den Rechtsvorschriften des Entsendestaates. Diese Lohnregelungen müssen transparent sein. Dies dient der Garantie der Dienstleistungsfreiheit. Wären Lohnregelungen nicht leicht einsehbar, würde dies unter Umständen zu einer Erschwernis der Dienstleistungsfreiheit führen.[95]

Die Frage, was genau Teil des Mindestlohnes von entsendeten Arbeitern ist, ist zudem auch eine hochpolitische Frage. Denn alles, was nicht Teil des Mindestlohnes ist, aber auf der anderen Seite „heimischen" Arbeitnehmerinnen und Arbeitnehmern des Empfangsstaates zum Beispiel als Aufwandsentschädigungen zusteht, macht die entsendete Arbeitskraft im Vergleich zur heimischen billiger und somit am Markt attraktiver.

Der Europäische Gerichtshof bejaht im Urteil grundsätzlich die Frage, dass Unternehmen, die Arbeitnehmerinnen und Arbeitnehmer entsenden, die Lohnstruktur des Empfangsstaates aufgezwungen werden kann. Daraus folgt, dass sich entsendende Unternehmen bei der Einstufung an die, in den anzuwendenden Tarifverträgen zu halten haben. Für den konkreten Fall bedeutet das, dass in Polen erworbene Qualifikationen zu erheben sind und ein Vergleich mit finnischen Qualifikationen zu erfolgen hat. Auf Grund der Erkenntnisse dieses Vergleichs hat dann eine Einstufung in der vorgesehenen Lohnkategorie zu geschehen.

94 EuGH vom 18. Juli 2007, C-490/04, Kommission/Deutschland, 2007 – I 06095.

95 Windisch-Graetz, Anspruch auf Durchsetzung von Mindestlöhnen bei grenzüberschreitenden Entsendungen, in Das Recht der Arbeit, 513–514.

### 4.3.1 Anrechnung von Vordienstzeiten?

Wenn entsendete Arbeitnehmerinnen und Arbeitnehmer in die Lohnordnungen der Empfangsstaaten einzuordnen sind, ist es nur konsequent, bei dieser Einordnung auch die Vordienstzeiten zu berücksichtigen, die im Beruf erbracht wurden. Vor allem Angestellten-, aber auch manche Arbeiterkollektivverträge, sehen höhere Löhne und Gehälter vor, wenn man schon längere Zeit im Beruf tätig ist und somit über mehr Erfahrung verfügt. Die Detailprüfung stellt uns aber vor große Probleme. Würde man die Anrechnung von Vordienstzeiten bei der Einordnung in Lohnkategorien im Entsendefall bejahen, bedeutet dies für die entsendenden Unternehmen einen nicht zu unterschätzenden Verwaltungsaufwand. Windisch-Graetz lässt im Artikel zum Urteil Sähkojen diesem erhöhten Verwaltungsaufwand große Bedeutung zukommen. Ihrer Meinung nach führt eine Verpflichtung von Unternehmen zur Erhebung von Vordienstzeiten zu einer Behinderung der Dienstleistungsfreiheit, da dieser Verwaltungsaufwand schlichtweg unzumutbar sei.[96]

### 4.3.2 Fazit

Diese Schlussfolgerung erscheint fragwürdig. Zum einen führt Windisch-Graetz selbst an, dass der EuGH im Urteil „Cadman“[97] die Berücksichtigung von Vordienstzeiten als gerechtfertigt ansieht, da damit eine erhöhte Berufserfahrung einhergeht. Zum anderen hat der EuGH schon in der Rechtssache „Finalarte“ den Verwaltungsaufwand als Auslöser einer Beschränkung der Dienstleistungsfreiheit abgelehnt. Dies kann selbst dann nicht als Argument angeführt werden, wenn ausländische Firmen

96 Windisch-Graetz, Anspruch auf Durchsetzung von Mindestlöhnen bei grenzüberschreitenden Entsendungen, in Das Recht der Arbeit, 514.

97 EuGH vom 3. Otkober 2006, B.F. Cadman gegen Health & Safety Executive, C-17/05, 2006 – I – 09583.

mehr Verwaltungsaufwand betreiben müssen als Firmen des Empfangsstaates.[98]

Auch systematisch tendiere ich dazu, alle Facetten der Lohnordnungen des Entsendestaates im Lichte eines Günstigkeitsvergleichs als anwendbar anzusehen. Wenn eine Einordnung in nationale Lohnordnungen zu erfolgen hat, dann hat sich diese auf alle Aspekte dieser Lohnordnungen zu beziehen.

Praktisch erscheint mir eine Ermittlung von Vordienstzeiten durch das Einholen von Sozialversicherungsauszügen und Beschäftigungsbestätigungen beziehungsweise Dienstzeugnissen ebenfalls wenig problematisch, sodass sich der Verwaltungsaufwand auch tatsächlich in überschaubaren Grenzen hält. Was einem Rechtsberater der Arbeiterkammer zumutbar ist, erscheint mir auch Unternehmen ohne große Probleme ermittelbar.

### 4.3.3 Tagegeldanspruch

Der EuGH stellt klar, dass pauschalierte Taggelder, die die erhöhten Lebenshaltungskosten bei Abwesenheit auf Grund einer Dienstreise pauschal und nicht konkret abdecken sollen, Entgeltbestandteile sind.[99] Verwirrenderweise spricht er von einer Entsendezulage. Die Formulierung lässt darauf schließen, dass automatisch bei jeder Entsendung eine Zulage gebührt bzw. jede Dienstreise, auch rein im Inland von inländischen Arbeitnehmerinnen und Arbeitnehmern, die bei inländischen Arbeitgebern und Arbeitgeberinnen beschäftigt sind, eine Entsendung ist. Dies ist natürlich falsch und verwirrend, es geht rein um die Frage, was ein Mindestentgeltbestandteil ist und was nicht. Spätestens bei dieser Frage zeigt sich das Dilemma der Betrachtung. Es muss unterschieden werden, ob aus einer nationalen Perspektive Lohnbestandteile als Mindestlohn gelten, oder ob bei der

98 EuGH vom 25. Oktober 2001, Finalarte Sociedade de Construção Civil Ld[a], C-49/98.

99 C396/13, Sähköalojen, RN 47–52.

Mindestlohnprüfung des Entsenders alle EU-rechtlichen Mindestlohnbestandteile bezahlt wurden.[100]

Die österreichische Literatur kritisiert, dass diese beiden Perspektiven durch den EuGH nicht ausreichend unterschieden werden. In der Rechtssache Kommission/Deutschland[101] wurde erklärt, dass nur solche Zulagen und Zuschläge Bestandteil des Mindestlohnes sind, die das Verhältnis der Leistung der Arbeitnehmerin oder des Arbeitnehmers und der von Arbeitgebern und Arbeitgeberinnen erbrachten Gegenleistung nicht verändern. Der EuGH gab hier der Bundesrepublik Deutschland Recht, die nicht alle Zulagen zum Lohn als Entgeltbestandteil qualifizierte. Die Kommission versuchte in ihrer Klage Gegenteiliges zu bewirken. Der EuGH bestätigte die Sichtweise der Bundesrepublik Deutschland und griff so indirekt in die Deutungsfreiheit der Mitgliedstaaten ein. Dies ist insofern unlogisch, als die Entsenderichtlinie selbst besagt, dass es Aufgabe der Mitgliedstaaten selbst ist zu definieren, was konkret zum Mindestlohn gehört und was nicht. Definiert nun aber der Mitgliedstaat, dass zum Beispiel auch Schmutz- und Erschwerniszulagen Teil des Mindestlohns sind, widerspricht das Urteil des EuGH jedenfalls dem Sinn nach der Entsende-RL selbst. Der Widerspruch der Betrachtungsweisen scheint dem EuGH selbst noch nicht ganz klar zu sein, jedoch hat er durch das Beantworten der Vorlagefrage im Urteil „Isbir“ der Notwendigkeit nach einer einheitlichen Auslegung des Mindestlohnbegriffes indirekt zugestimmt.[102]

100 Windisch-Graetz, Anspruch auf Durchsetzung von Mindestlöhnen bei grenzüberschreitenden Entsendungen, in Das Recht der Arbeit, 514.

101 EuGH vom 14. April 2005, C-341/02, Europäische Kommission gegen Republik Deutschland, 2005 – I – 02733.

102 Windisch-Graetz, Anspruch auf Durchsetzung von Mindestlöhnen bei grenzüberschreitenden Entsendungen, in Das Recht der Arbeit, 514, 2. Spalte.

### 4.3.4 Anspruch auf Wegezeitentschädigung

Neben dem Anspruch auf pauschalierte Taggelder stellte sich noch die Frage, ob für entsendete Arbeitnehmerinnen und Arbeitnehmer auch ein Anspruch auf Bezahlung für die Zeit, die für den Weg zur Baustelle aufgewendet werden muss, besteht. Dies bejaht der EuGH im Urteil und argumentiert bei der Frage der Wegezeitentschädigung gleich wie bei der Frage des Taggeldanspruches.[103] Deshalb muss inhaltlich nicht näher auf das Urteil eingegangen werden.

### 4.3.5 Unterbringungskosten

Weiters stellte sich die Frage, wie die Unterbringungskosten zu bewerten sind. Sind sie Teil des Mindestlohnes oder nicht? Dies verneint der EuGH.[104] Die Rechtsprechung durch den EuGH ist in diesem Fall konsequent und richtig, da es sich beim Übernehmen der Unterbringungskosten durch den Arbeitgeber und die Arbeitgeberin um eine Aufwandsentschädigung gem. Art. 3 Abs. 7 Entsende-RL handelt. Übernommen werden nämlich die tatsächlichen Kosten und es handelt sich nicht, wie beim Tagegeld nach finnischem KV, um einen pauschalierten Ersatz eines nicht genau definierten Aufwandes.

### 4.3.6 Essensgutscheine

Hier argumentiert der EuGH inhaltlich gleich wie bei den Unterbringungskosten. Auch hier handelt es sich um einen Ersatz der tatsächlichen Kosten und nicht einen Pauschalaufwandersatz, sodass dieser nicht als Mindestlohnbestandteil angesehen werden kann.[105]

103 C-396/13, Sähköalojen, online unter RN 53–57.

104 C-396/13, Sähköalojen, RN 58–60.

105 C396/13, Sähköalojen, RN 61–63.

### 4.3.7 Lohnfortzahlung während des Urlaubs

Der EuGH regelt hier abschließend, dass auch während des Urlaubs eine Vergütung in gleicher Höhe zusteht und bezieht sich auf die Grundrechtscharta, die hier ausdrücklich eine Entlohnung vorsieht.[106]

## 4.4 Neuerungen durch das Urteil

### 4.4.1 Einordnung in die Lohnordnung des Empfangsstaates

Vor allem die Beantwortung der vorgelegten sechsten Frage ist für die „Nachwelt" relevant. Der EuGH stellt klar, dass entsendende Unternehmen sich bei der Frage der Entlohnung ihrer entsendeten Dienstnehmer und Dienstnehmerinnen der Lohnordnung des Empfangsstaates unterzuordnen haben. Dies kann vom entsendenden Unternehmen verlangt werden, wenn der Empfangsstaat die anzuwendenden Lohnvorschriften transparent gestaltet. Diese Unterordnung erfasst nicht nur gesetzliche Bestimmungen, sondern auch tarifvertragliche Regelungen. Daher muss, wie schon oben erwähnt, ein Vergleich der Qualifikationen stattfinden und eine richtige Einordnung in das Lohnordnungssystem erfolgen.

### 4.4.2 Festlegung des Urlaubsentgelts

Ebenfalls geregelt wird der Anspruch auf den Mindestlohn wegen urlaubsbedingter Abwesenheit. Hier bestimmt der EuGH, dass bezahlter Jahresurlaub ein Grundrecht ist und verweist auf frühere Urteile, die das Urlaubsentgelt definieren. Durch das Wiederholen der Rechtsmeinung, die bereits im Urteil Lock[107]

106 Windisch-Graetz, Anspruch auf Durchsetzung von Mindestlöhnen bei grenzüberschreitenden Entsendungen, in Das Recht der Arbeit, 514–515.

107 EuGH vom 22. Mai 2014, Z.J.R. Lock gegen Gas Trading Limited, C-539/12.

und im Urteil „Robinson-Steele“[108] vom EuGH vertreten wurde, darf die Ansicht zum Urlaubsentgelt als gesicherte Rechtsprechung angesehen werden. Arbeitnehmerinnen und Arbeitnehmern gebührt daher für die Zeit des Urlaubs das gewöhnliche Arbeitsentgelt, das sie erhalten hätten, wenn sie gearbeitet hätten. Was genau Bestandteil des gewöhnlichen Arbeitsentgelts ist, regelt der EuGH allerdings nicht abschließend, sondern spielt den Ball zurück an die nationalen Gerichte.[109]

Offen bleibt also, was genau Bestandteil des Urlaubsentgeltes ist. Zum einen spricht das Urteil davon, dass jede Unannehmlichkeit, die in Verbindung mit der zu erbringenden Tätigkeit steht und regelmäßig durch einen Geldbetrag abgegolten wird, ein Urlaubsentgeltbestandteil ist. Gemeint sein könnten hier u.a. pauschalierte Taggelder im Sinne des § 9 Bau-KV bzw. Nächtigungsgelder. Diese werden üblicher Weise wegen der notwendigen Dienstreise und/oder Übernachtung bezahlt und gerade wegen der Unannehmlichkeit des regelmäßigen Verreisens bezahlt werden.[110] Bejaht man diese Ansicht, wären die Tag- und Nächtigungsgelder, die im österreichischen Kollektivvertrag für Bauarbeiter gebühren, bei der Berechnung des Urlaubsgeldes nach dem Ausfallprinzip zu berücksichtigen. Dies scheint aber nicht zwangsläufig im Sinne des EuGH zu sein, hat er doch in einer ähnlichen Entscheidung die Kosten, die Dienstgeber und Dienstgeberinnen für vom Unternehmensstandort entfernt aufhältige Arbeitnehmerinnen und Arbeitnehmer trägt, nicht als Bestandteil des Urlaubsentgeltes qualifiziert.[111] Nebenkosten und nur

108 EuGH vom 16. März 2006, C.D. Robinson – Steele gegen R.D. Retail Services Ltd, C-131/04, 2006 I-02531.

109 EuGH vom 22. Mai 2014, Z.J.R. Lock gegen Gas Trading Limited, C-539/12, RN 29–35.

110 Vgl. Christoph Wiesinger, Die Auswirkung der Entscheidung Sähköalojen ammattiliitto auf österreichische Entgeltregelungen, in Das Recht der Wirtschaft 6/2015, 374.

111 EuGH vom 15. September 2001, Williams u.a. gegen British Airways p.l.c.; C-155/10, RN 25.

gelegentlich anfallende Kosten müssen auf Grund der Rechtsprechung nämlich nicht berücksichtigt werden.

Bei der Entscheidung „Willams" handelte es sich bei den nicht zu berücksichtigenden Kosten um die pauschale Übernahme von Hotelkosten für Piloten, die nicht zum Stützpunkt der Airline zurückkehrten. Die Kostenübernahme erfolgte durch eine pauschale Zulage. Diese erhöhte sich, je länger der Arbeitnehmer oder die Arbeitnehmerin vom Stützpunkt entfernt war und wurde in einem Tarifvertrag zwischen der Pilotengewerkschaft und British Airways ausverhandelt.[112] Diese Zulage ähnelt in der Systematik sehr dem pauschalen Taggeld beispielsweise nach finnischem Tarifvertrag und österreichischem Kollektivvertrag, sodass geboten scheint, dass diese nicht als Bestandteil des Urlaubsentgeltes anzusehen sind. Dennoch bleibt die Frage offen, da zum Schluss der Entscheidung der EuGH die Deutungshoheit den nationalen Gerichten einräumt.[113]

### 4.4.3 Das Taggeld als Mindestlohnbestandteil gem. Entsende-RL

Das Urteil bestätigt ein für alle Mal, dass pauschalierte Taggelder Bestandteil des Mindestlohnes gemäß Art. 3 Entsende-RL sind. Diese Frage war bis dahin nicht eindeutig geklärt und führte in der Praxis häufig zur Ansicht, dass pauschalierte Taggelder bei Entsendungen nicht gebühren.[114] Diese Ansicht wird im Urteil eindrucksvoll wiederlegt und verringert, rechtspolitisch betrachtet, die Differenz der tatsächlichen Kosten zwischen entsendeten Arbeitnehmerinnen und Arbeitnehmern und inländischen Arbeitnehmerinnen und Arbeitnehmern zu Gunsten

112 Williams, C-155/20, RN 7–8.

113 Beispielsweise Williams, C-155/20, RN 31.

114 Vgl. Christoph Wiesinger, Die Auswirkung der Entscheidung Sähköalojen ammattiliitto auf österreichische Entgeltregelungen, in Das Recht der Wirtschaft 6/2015, 374 und Windisch-Graetz, Anspruch auf Durchsetzung von Mindestlöhnen bei grenzüberschreitenden Entsendungen, in Das Recht der Arbeit.

der zweiten Gruppe. Zusätzlich klärt das Urteil auch, dass konkrete Kostenersätze nicht Mindestlohnbestandteil sind. Abschließend weitet das Urteil die Sichtweise auch auf pauschalierte Wegegelder aus, die ebenfalls Bestandteil des Mindestlohnes sind.

## 4.5 Auswirkungen auf Österreich

Der EuGH hat ein für alle Mal geklärt, dass Taggelder zum Mindestentgelt im Sinne des § 7b AVRAG zu zählen sind, auch wenn es sich nach klassischem österreichischem Verständnis um einen Aufwandsersatz handelt und es sich nach nationaler Interpretation nicht um Entgelt handelt. Daher haben entsandte Arbeitnehmerinnen und Arbeitnehmer Anspruch auf das nach österreichischem Kollektivvertrag zustehende Taggeld. Dies ist eine neue Erkenntnis, die in der Literatur bis dahin zumindest umstritten gewesen ist.[115] Gleiches gilt wohl nicht nur für Taggelder, sondern überhaupt für alle pauschalen Aufwandersätze, wie zum Beispiel das Nächtigungsgeld.[116]

### 4.5.1 Mindestentgeltkontrolle

Arbeitsrechtlich steht das Taggeld bei Entsendungen also zu. Eine andere Frage ist, ob es der Mindestentgeltkontrolle im Sinne des Lohn- und Sozialdumping-Bekämpfungsgesetzes[117] unterliegen. Dies wird von der Lehre unterschiedlich betrachtet. Eine Strömung sieht jenen Teil als der Kontrolle unterworfen, der über die Lohnsteuerfreiheit hinausgeht. Dies wird auf ein

115 Wolfsgruber, § 7 AVRAG, in Neumayr/Reissner (Hrsg.), Zeller Kommentar zum Arbeitsrecht$^2$, Manz-Verlag, Wien 2011, RZ 7.

116 Wiesinger, Die Auswirkung der Entscheidung Sähköalojen ammattiliitto auf österreichische Entgeltregelungen, in Das Recht der Wirtschaft 6/2015, 374.

117 Lohn- und Sozialdumping-Bekämpfungsgesetz – LSD-BG BGBl. 44/ 2016.

Urteil des OGH[118] gestützt, der bei der Bestimmung des Entgeltbegriffs bei einer Abfertigung hier die Grenze gezogen hat.

Wiesinger hingegen lehnt diese Sicht ab und hat verfassungsrechtliche Bedenken. Die unterschiedliche Bewertung einer Leistung sei gemäß Art. 7 B-VG[119] gleichheitswidrig und daher unzulässig. Man könne einen pauschalen Aufwandersatz nicht gedanklich splitten und einen Teil nicht, einen anderen Teil schon in die Mindestentgeltkontrolle einbeziehen. Auch aus rein logischen Gründen sei es nicht nachvollziehbar, weshalb bei der Grenze von 26,40 Euro eine Trennung erfolgen soll. Dieser Betrag ist rein willkürlich gesetzt worden und wurde seit Jahren nicht valorisiert. Was rechtfertigt daher eine Trennung bei dieser Grenze?[120, 121]

### 4.5.2 Fazit

Wiesingers Argumente erscheinen mir logisch und nachvollziehbar, gleichzeitig ist es unbefriedigend und für den Anwender nicht nachvollziehbar, wenn europarechtlich das Taggeld als Mindestentgeltbestandteil definiert wird und arbeitsrechtlich zusteht, gleichzeitig aber ein Nichtbezahlen dieses Anspruches keine nationalen, verwaltungsstrafrechtlichen Konsequenzen mit sich bringt.

118 OGH 30.3.2006, 8 ObA 87/05k, vgl. auch Firlei, Die im LSDB-G vorgesehenen öffentlich-rechtlichen Intstrumentarien, in Resch (Hrsg.), Lohn- und Sozialdumping-Bekämpfungsgesetz, 71.

119 Bundes-Verfassungsgesetz BGBl. 1/1930 idgF.

120 Wiesinger, Die Auswirkung der Entscheidung Sähköalojen ammattiliitto auf österreichische Entgeltregelungen, in Das Recht der Wirtschaft 6/2015, 374, 375.

121 Vgl. auch Wiesinger, ASoK-Spezial: Die neue Mindestentgeltkontrolle, Linde-Verlag, Wien 2015.

## 5. Urlaub bei Entsendungen in der Bauwirtschaft

Der Urlaubsanspruch für entsendete Bauarbeiter richtet sich nach den § 33d – § 33i BUAG. Hier kommt Österreich seinen Verpflichtungen aus der Entsende-RL nach, in dem es Mindeststandards für den Urlaubsanspruch von entsendeten Bauarbeitern als Spezialnorm definiert. Diese gelten an Stelle der allgemeinen Bestimmungen des Urlaubsrechts. Es handelt sich um zwingendes Recht. Die BUAK[122] muss vom Entsendeunternehmen immer mit einbezogen werden.[123]

### 5.1 Erfasste Tätigkeit

Ein entsandter Arbeitnehmer bzw. eine entsandte Arbeitnehmerin unterliegt dann dem BUAG, wenn er oder sie einerseits Tätigkeiten im Sinne des § 2 BUAG erbracht hat, andererseits auch der Betrieb in den Geltungsbereich des BUAG fällt. Selbst wenn dies nicht immer leicht festzustellen ist, wird die Zugehörigkeit als Mischbetrieb fingiert.[124]

### 5.2 Urlaubsanspruch nach dem BUAG

§ 33e BUAG räumt entsandten oder grenzüberschreitend überlassenen Arbeitnehmerinnen und Arbeitnehmern einen Anspruch auf Urlaub ein, der der Dauer der Entsendung entspricht. Dieser Urlaub muss nicht im Zeitraum der Entsendung konsumiert werden. Urlaubsentgelt gebührt allerdings immer nur dann, wenn das entsendende Unternehmen auch die anfallenden Zuschläge entrichtet hat. Sieht das Recht des Heimatstaates

---

122 Bauarbeiter-Urlaubs- und Abfertigungskasse.

123 Christoph Wiesinger, BUAG Bauarbeiter-Urlaubs- und Abfertigungsgesetz sowie Bauarbeiter-Schlechtwetterentschädigungsgesetz, Wien 2017, 419.

124 Vgl. Klinger, Praxiskommentar zum BUAG, Österreichischer Wirtschaftsverlag, Wien 2006.

einen höheren Urlaubsanspruch vor, so gebührt der höhere Anspruch im Sinne des Günstigkeitsprinzips.[125]

## 5.3 Vereinbarungen mit anderen Sozial- oder Urlaubskassen

Ausnahmsweise kommen die Bestimmungen über den Urlaubsanspruch und den damit verbundenen Urlaubsentgeltanspruch bei Entsendungen nicht zum Tragen, wenn die BUAK eine Vereinbarung mit anderen Sozial- oder Urlaubskassen abgeschlossen hat.

§ 33i BUAG regelt wie folgt:

(1) Die Urlaubs- und Abfertigungskasse ist ermächtigt, mit vergleichbaren, auf Gesetz oder Kollektivvertrag beruhenden Einrichtungen in einem anderen Land, die den Urlaubsanspruch bzw. dessen Abwicklung betreffen (Urlaubs- oder Sozialkassen), eine Vereinbarung abzuschließen, die folgende Grundsätze zu berücksichtigen hat:

1. Das Ausmaß des bezahlten Jahresurlaubs in diesem Land muss im Wesentlichen dem Jahresurlaubsausmaß nach § 4 Abs. 1 entsprechen;
2. Die Einbeziehung des Arbeitgebers und des nach Österreich entsandten Arbeitnehmers in das jeweilige Sozial- oder Urlaubskassensystem muss auch während der Beschäftigung in Österreich in vollem Umfang aufrecht bleiben, es darf insbesonders wegen der Beschäftigung in Österreich nicht zu einer Kürzung des Urlaubsanspruchs des Arbeitnehmers, des Anspruchs auf Entgelt während des Urlaubs oder der Zuschlagsverpflichtung des Arbeitgebers kommen;
3. Die Einbeziehung des Arbeitgebers und des nach Österreich entsandten Arbeitnehmers in das jeweilige Sozial-

125 Wiesinger, BUAG, 423.

oder Urlaubskassensystem befreit den Arbeitgeber von der Verpflichtung zur Leistung von Zuschlägen an die Urlaubs- und Abfertigungskasse;

4. Der entsandte Arbeitnehmer erwirbt keine Ansprüche gegen die Urlaubs- und Abfertigungskasse.
5. Arbeitgeber und Arbeitnehmer, die in den Geltungsbereich der Urlaubsregelungen dieses Bundesgesetzes fallen und gemäß § 1 Abs. 4 auch bei Entsendung in das Ausland im System der Urlaubs- und Abfertigungskasse verbleiben, dürfen hinsichtlich des Urlaubsanspruches nicht in das Sozial- oder Urlaubskassensystem einbezogen werden. (Gegenseitigkeit).[126]

Hintergrund dieser Regelung ist, dass es für den Arbeitgeber und die Arbeitgeberin mühsam sein kann, Wechsel zwischen den Urlaubskassensystemen vorzunehmen. Voraussetzung ist allerdings, dass die Ansprüche von Arbeitnehmerinnen und Arbeitnehmern in etwa ident sind. Diese Möglichkeit haben allerdings nur Arbeitgeber und Arbeitgeberinnen, die ihre Arbeiter oder Arbeiterinnen nach Österreich entsenden. Österreichische Arbeitgeber und Arbeitgeberinnen können sich allenfalls auf inhaltsgleiche Bestimmungen ausländischer Regelungen berufen. Die BUAK geht davon aus, dass jedenfalls drei Urlaubskassen in etwa idente Ansprüche haben und hat daher mit folgenden Urlaubs- und Sozialkassen Vereinbarungen abgeschlossen:

1. Deutschland: Urlaubs- und Lohnausgleichskasse der Bauwirtschaft (ULAK) und Zusatzversorgungskasse des Baugewerbes.
2. Frankreich: Union des Caisses de France du résau Congés Intempéries.
3. Italien: Commissione Nazionale Paritetica per le Casse Edile.[127]

126 § 33i Abs. 1 BUAG.
127 Wiesinger, BUAG, 441–442.

Konkret bedeutet das, dass in diesen Fällen die Arbeiter und Arbeiterinnen in der Baukasse ihres Heimatstaates verbleiben und nicht in das System der BUAK anzumelden sind. Fraglich ist freilich, was genau unter der Formulierung „Ausmaß des Jahresurlaubes muss im Wesentlichen entsprechen" gemeint ist. Festgehalten werden muss, dass die Regelung im Sinne der Entsende-RL zumindest fragwürdig ist.[128]

### 5.3.1 Verstoß gegen EU-Recht?

Auch die Literatur scheint sich dessen bewusst zu sein. Die Entsende-RL besagt, dass ein Günstigkeitsvergleich zwischen den Regelungen des Entsendestaates und des Empfangsstaates vorzunehmen ist und der Arbeitnehmer bzw. die Arbeitnehmerin Anspruch auf die für ihn oder sie günstigere Regelung hat. Schließen Bau- und Sozialkassen nun untereinander Verträge, bei denen sie davon ausgehen, dass ihre Regelungen im Wesentlichen gleich sind, kann dies dennoch zu konkreten Unterschieden bei der Höhe des Anspruchs führen.[129] So ist zum Beispiel die Erreichbarkeit der sechste Urlaubswoche nach deutschem Recht leichter möglich. Für Zeiten, in denen der entsendete österreichische Arbeitnehmer bzw. die Arbeitnehmerin nach Deutschland entsendet werden und die Voraussetzungen für die sechste Urlaubswoche nach deutschem Recht bereits erfüllen, nicht aber nach österreichischem, müssten diese einen erhöhten Urlaubsanspruch haben. Diesen haben sie aber in der Praxis nicht, da sie für die Zeit der Entsendung auf Grund der Vereinbarung zwischen der österreichischen BUAK und der deutschen ULAK in der BUAK verbleiben.

Dieses Phänomen ist in der Literatur noch kaum erfasst. Wiesinger verweist darauf, dass gegen die jeweiligen Urlaubs- und Sozialkassen wohl keine Leistungsklage auf Zahlung des Urlaubsentgelts möglich ist, da sowohl die deutsche als auch die

128 Vgl. Wiesinger, BUAG, 441.
129 Wiesinger, BUAG, 441.

österreichische Urlaubskasse nur leistet, wenn der Arbeitgeber bzw. die Arbeitgeberin entsprechende Beiträge einbezahlt hat. Möglich wäre allenfalls eine Schadenersatzklage gegen die BUAK, wenn sie gegen die Bedingungen des § 33i Abs. 1 BUAG verstoßen hat. Wiesinger sieht auch einen möglichen Anspruch gegen den entsendenden Arbeitgeber bzw. die Arbeitgeberin auf den Naturalurlaubsanspruch als Möglichkeit. Hier meint er den Anspruch auf höheren, aliquoten Urlaub, der im Empfangsstaat zusteht, ohne aber auf die Leistung des Urlaubsentgelts näher einzugehen.[130]

Art. 3 Entsende-RL verpflichtet die Empfangsstaaten, Mindestansprüche für entsendete Arbeitnehmerinnen und Arbeitnehmer sicherzustellen. Die Entsende-RL verweist außerdem auf das Günstigkeitsprinzip, das anzuwenden ist. Unabhängig von der interessanten Frage, ob eine Schadenersatzklage gegen die deutsche oder österreichische Urlaubskasse möglich ist, erscheint die Bestimmung des § 33i BUAG nicht EU-rechtskonform zu sein.

Die Formulierung, dass die Urlaubskassen nur im Wesentlichen ident sein müssen lässt die Möglichkeit offen, dass entsendete Arbeitnehmerinnen und Arbeitnehmer beim Urlaubsentgelt in der „schlechteren" Urlaubskasse verbleiben. Dies widerspricht klar dem Zweck der Entsende-RL. Es gebührt der Urlaubsanspruch jenes Staates, in dem der betroffene Arbeitnehmer bzw. die Arbeitnehmerin einen höheren, aliquoten Urlaubs- und Urlaubsentgeltsanspruch hat. Argumentiert wird diese mögliche, indirekte Schlechterstellung damit, dass diese auch eine Verwaltungsvereinfachung für Dienstgeber und Dienstgeberinnen darstellt. Dem ist entgegenzuhalten, dass schon seit dem Fall „Finalarte"[131] dieses Argument entkräftet wurde.

130 Wiesinger, BUAG, 441–442.

131 EuGH vom 25. Oktober 2001, C-49/98, Finalarte Sociedade de Construção Civil Ld[a].

Aus dieser Urteilsbegründung geht klar hervor, dass Argumente der Verwaltungsvereinfachung für Entsendebetriebe nicht gegen Bestimmungen, die dem Schutz von Arbeitnehmerinnen und Arbeitnehmern dienen, bestehen.[132] Diese Begründung lässt sich sinngemäß auch auf die Anwendung der Entsende-RL übertragen. Keine Verwaltungsvereinfachung oder kein bequemes Verbleiben im System des Heimatlandes rechtfertigt, dass das Günstigkeitsprinzip durchbrochen wird. Es geht darum, günstigere Regelungen zu garantieren, wie auch „Finalarte" klar aufzeigt.

### 5.3.2 Fazit

Die Absprachen der vier nationalen Urlaubs- und Abfertigungskassen sind meiner Einschätzung nach europarechtswidrig, da sie geeignet sind, das Günstigkeitsprinzip bei Entsendungen zu durchbrechen und so gegen die Entsende-RL verstoßen.

132 EuGH vom 25. Oktober 2001, C-49/98, Finalarte Sociedade de Construção Civil Ldª, RZ 37–53.

# 6. Entsendungen und das LSD-BG

Seit dem Jahr 2011, nicht zuletzt auf Grund der Erfahrungen mit entsandten Arbeitnehmerinnen und Arbeitnehmern, wurden nach und nach Normen gesetzt, die die Unterbindung von Lohn- und Sozialdumping zum Ziel hatten. Zusammengefasst wurden diese Regelungen zuerst mit dem Arbeits- und Sozialrechts-Änderungsgesetz 2014 als LSDB-G. Ab 1.1.2017 gilt nun das Gesetz zur Bekämpfung von Lohn- und Sozialdumping, kurz LSD-BG.[133]

## 6.1 Ausgewählte Straftatbestände

Das LSD-BG sieht bei Verstößen gem. §§ 25–35 LSD-BG Verwaltungsstrafen und bzw. oder den Verlust der vergaberechtlichen Zuverlässigkeit vor (sog. Auftragssperren).[134] Für Entsendungen relevant sind hier vor allem die fehlende Meldung im Zusammenhang mit Entsendung und grenzüberschreitender Überlassung, das Bereithalten von Lohnunterlagen und die Unterentlohnung gem. LSD-BG.

### 6.1.1 Meldungen im Zusammenhang mit Entsendung und grenzüberschreitender Überlassung

Die oft auch ZKO 3 oder ZKO 4 genannten Meldungen müssen von

- Unternehmen, die Beschäftigte nach Österreich entsenden bzw. von
- Überlassern und Beschäftigern, die Beschäftigte nach Österreich grenzüberschreitend überlassen

durchgeführt werden. Die Meldung hat vor Beginn der Entsendung zu erfolgen. Gemeldet werden müssen Angaben zum entsendenden Unternehmen, zum Beschäftigten und zum Arbeits-

133 Wiesinger, LSD-BG, 8.

134 Wiesinger, LSD-BG, 50.

einsatz in Österreich. Bei Zuwiderhandeln droht eine Geldstrafe zwischen 1.000 und 10.000 Euro, im Wiederholungsfall zwischen 2.000 und 20.000 Euro.[135]

### 6.1.2 Nichtbereithalten von Lohnunterlagen

§ 22 LSD-BG normiert die Verpflichtung zur Bereitstellung von Lohnunterlagen speziell für entsendete Beschäftigte. Adressaten dieser Bestimmungen sind somit ausschließlich entsendende Unternehmen. Diese müssen, um eine effektive Lohnkontrolle gewährleisten zu können, Lohnzettel, Lohnzahlungsnachweise oder Banküberweisungsbelege, Lohnaufzeichnungen, Arbeitszeitaufzeichnungen und Lohneinstufungsunterlagen und einen Arbeitsvertrag in deutscher oder englischer Sprache bereitstellen.[136]

Die Nichteinhaltung dieser Bereitstellungsverpflichtung führt zu einer Geldstrafe pro Arbeitnehmer/in von bis zu 10.000 Euro. Sind mehr als drei ArbeitnehmerInnen betroffen, führt dies zu einer Geldstrafe von bis zu 20.000 Euro und bzw. oder zu einer Untersagung der Dienstleistung in Österreich.[137]

135 Wiesinger, LSD-BG, 51.

136 Wiesinger, LSD-BG, 52–54.

137 Bundesministerium für Arbeit, Soziales, Gesundheit und Konsumentenschutz, Überblick über die Zugehörigkeit arbeitsrechtlicher Vorschriften zum Privatrecht oder zum öffentlichen Recht und die daraus entstehenden Konsequenzen für die Rechtsdurchsetzung, online unter http://www.entsendeplattform.at/cs/Satellite?blobcol=urldata&blobheadername1=content-type&blobheadername2=content-disposition&blobheadervalue1=application%2Fpdf&blobheadervalue2=inline%3B+filename%3D%22Zugeh%25C3%25B6rigkeit_arbeitsrechtlicher_Vorschriften_zum_Privatrecht_oder_zum_%25C3%25B6ffentlichen_Recht.pdf%22&blobkey=id&blobnocache=false&blobtable=MungoBlobs&blobwhere=1342622306491&ssbinary=true&site=Z04.

### 6.1.3 Unterentlohnung

Was Unterentlohnung bei Entsendungen ist, wurde bereits in den vorigen Kapiteln behandelt. Eine Unterschreitung des Mindestentgeltes führt zu einer Geldstrafe pro Arbeitnehmer/in von bis zu 10.000 Euro. Sind mehr als drei ArbeitnehmerInnen betroffen, führt dies zu einer Geldstrafe von bis zu 20.000 Euro und bzw. oder zu einer Untersagung der Dienstleistung in Österreich, wobei dieses Dienstleistungsverbot bis zu fünf Jahre betragen kann.[138]

## 6.2 Die Bürgenhaftung im LSD-BG

Ein ganz wesentliches Ziel des LSD-BG ist es, in Österreich beschäftigten Arbeitnehmerinnen und Arbeitnehmern eine Sicherung des Entgeltanspruches zu gewährleisten. Dies gilt in besonderem Maße auch für entsandte Arbeitnehmerinnen und Arbeitnehmer. Hier sieht das LSD-BG drei Bürgschaftshaftungen vor, die wesentliche Auswirkungen auf die Baubranche in Österreich haben:

1. Eine Haftung bei einem Einsatz von aus Drittstaaten entsandten Arbeitnehmerinnen und Arbeitnehmern gemäß § 8 LSD-BG.

2. Eine Haftung für entsandte oder grenzüberschreitend überlassene Arbeitnehmerinnen und Arbeitnehmer, die Bauarbeiten erbringen, gemäß § 9 LSD-BG und

3. Eine Haftung für Arbeitnehmerinnen und Arbeitnehmer, die von Subunternehmern bzw. Subunternehmerinnen, die bei der Erfüllung eines öffentlichen Auftrags eingesetzt werden und dem öffentlichen Auftraggeber nicht bekannt gegeben wurden gem. § 10 LSD-BG.[139]

138 Wiesinger, LSD-BG, 88.
139 Wiesinger, LSD-BG, 33.

## 6.3 Wesen der Bürgschaft

Die Bürgschaft ist ein Vertrag, mit dem sich der Bürge zur Befriedung des Gläubigers verpflichtet, wenn der Hauptschuldner seine Vertragsverpflichtung nicht erfüllt. Hier handelt es sich allerdings um eine gesetzliche Bürgschaft, bei der das Gesetz die vertragliche Abrede ersetzt.

## 6.4 Haftung bei drittstaatsangehörigen Arbeitgebern und Arbeitgeberinnen

Hier hat ein/e nach Österreich entsandte/r Arbeitnehmer/in die Möglichkeit, einen Anspruch geltend zu machen, wenn sein Arbeitgeber bzw. seine Arbeitgeberin einen Sitz in einem Drittstaat hat. Wesentlich dabei ist, dass diese Haftung jeden Auftraggeber trifft. Es muss sich dabei nicht um Unternehmen handeln, sondern kann auch Privatpersonen treffen. Unerheblich ist dabei, ob die Unterentlohnung zu erwarten war oder nicht. Haftbar sind Auftraggeber für das nach Gesetz, Vertrag oder Kollektivvertrag geschuldete Entgelt.[140]

## 6.5 Haftung bei Entsendung – erweiterte Auftraggeberhaftung

Hier haftet der Auftraggeber für entsandte Arbeitnehmerinnen und Arbeitnehmer, die Bauarbeiten erbringen. Dabei musste der Auftraggeber bzw. die Auftraggeberin die Unterentlohnung ernsthaft für möglich halten und sich damit abfinden. Sie umfasst Mindestentgeltansprüche – damit sind der Anspruch nach dem geltenden Kollektivvertrag und BUAG-Zuschläge gemeint. Die Arbeitnehmerinnen bzw. der Arbeitnehmer muss die Unterentlohnung innerhalb von acht Wochen der BUAK mitteilen. Dies dient einerseits der Dokumentation, andererseits löst dies ein Zurückbehaltungsrecht des Auftraggebers bzw. der Auftraggeberin gegen den Werkunternehmer oder die Werkunter-

140 Wiesinger, LSD-BG, 34.

nehmerin aus. Zusätzlich muss der Arbeitnehmer bzw. die Arbeitnehmerin die Ansprüche innerhalb von neun Monaten gegenüber dem Auftraggeber bzw. der Auftraggeberin gerichtlich geltend machen.[141]

Keine Haftung besteht hier in der Subunternehmerkette, es sei denn, die Subunternehmensvergabe wird nicht gemeldet oder es handelt sich um ein reines Umgehungsgeschäft. Zusätzlich zu dieser Haftung hat der Arbeitnehmer bzw. die Arbeitnehmerin die Möglichkeit, andere, in Konkurrenz stehende Haftungsbestimmungen geltend zu machen.[142]

Wie bereits oben erwähnt, haftet der Auftraggeber nur für das kollektivvertragliche Mindestentgelt. Wie in den vorangegangenen Kapiteln erwähnt, ist die genaue Zusammensetzung des Mindestentgelts strittig und wird national wie europarechtlich unterschiedlich bewertet. Daher stellt sich die Frage, ob auch für den nach dem Kollektivvertrag gebührenden Taggeldanspruch gehaftet wird. Dies bejaht zumindest Wiesinger, da § 9 LSD-BG einen europarechtlichen Hintergrund hat, mit Verweis auf die Entscheidung Sähköalojen.[143]

## 6.6 Haftung bei ungemeldeter Subunternehmervergabe

Diese Haftung greift nur bei öffentlichen Aufträgen und besteht nur, wenn ein Auftragnehmer dem Gebot der Nennung von Subunternehmern bzw. Subunternehmerinnen nicht nachkommt. Der geschädigte Arbeitnehmer bzw. die Arbeitnehmerin kann vom öffentlichen Auftraggeber bzw. der Auftraggeberin eine Auskunft darüber verlangen, ob die Meldung erfolgt ist oder nicht. Genau wie bei der erweiterten Auftraggeberhaftung gebührt das Mindestentgelt. Anders als bei der

141 Wiesinger, LSD-BG, 35.
142 Wiesinger, LSD-BG, 40.
143 Wiesinger, LSD-BG, 39.

Haftung nach § 9 ist das pauschalierte Taggeld nicht erfasst, da kein europarechtlicher Hintergrund gegeben ist.[144]

144 Wiesinger, LSD-BG, 42.

## 7. Rechtsdurchsetzung bei Entsendungen

Die Durchsetzung von Ansprüchen bei Entsendungen stellt ein zentrales, realpolitisches Problem dar. Das Ziel eines gemeinsamen Europa muss bei diesem Thema bei Betrachtung der Realität als weit entfernt angesehen werden. Auch wenn die Durchsetzungs-RL (siehe oben) beabsichtigt, die Rechtsdurchsetzung zu erleichtern, hält dies einem Praxistest nicht stand. Immerhin sind seit dem Erlass der Durchsetzungs-RL Bescheide österreichischer Behörden, die in der Entsende-RL normierte Materien betreffen, vollstreckbar.[145] Nicht vollstreckbar bleiben aber zum Beispiel von entsendenden Unternehmen nicht bezahlte Sozialversicherungsbeiträge.[146]

Bei österreichischen Behörden ist auf Grund der schwierigen Situation Resignation bemerkbar. Dies ist auch für viele Expertinnen und Experten ein zentraler Kritikpunkt des LSD-BG. Faktisch werden nämlich hauptsächlich inländische Arbeitgeber bzw. Arbeitgeberinnen gestraft, von ins Ausland zugestellten Bescheiden wird wenig erwartet. „Zahlt ein ausländisches Unternehmen, ist es gut, zahlt es nicht, kann man auch nichts machen!“[147] Nicht ganz zu Unrecht wird diese Haltung von österreichischen Unternehmen scharf kritisiert. Ziel des LSD-BG ist es, „schwarze Schafe“ ausfindig zu machen und zu bestrafen. Statistiken beweisen, dass diese „Sündenböcke“ häufig ausländische Unternehmen sind. Gerade diese werden aber auf Grund der fehlenden Bereitschaft nationaler Behörden anderer Mitgliedstaaten zur Verfahrenshilfe seltener belangt. Auf den Punkt gebracht: Unternehmen können ohne Probleme über die

145 Wiesinger, LSD-BG, 107.

146 Vgl. Die Presse vom 4.10.2017, 40 Prozent der Auslandsfirmen am Bau unter Lohndumping-Verdacht, online unter https://diepresse.com/home/wirtschaft/unternehmen/5296837/40-Prozent-der-Auslandsfirmen-am-Bau-unter-LohndumpingVerdacht.

147 Susi Schmatz, Petra Wetzel, Entwicklung im Bereich des Lohndumping, L&R Sozialforschung, Wien 2014, S. 84, online unter http://www.lr-socialresearch.at/files/Lohndumping_Endbericht_(2014-05-16).pdf.

Grenzen, Behörden haben dort den Stopp, und das ist das Problem.[148]

Kommt es zur Ausstellung eines rechtskräftigen Bescheides gegen ein ausländisches Unternehmen, sind österreichische Behörden auf die Hilfe der nationalen Behörden und Gerichte im Sitzland des Unternehmens angewiesen. Die Behörden müssen ersucht werden, das Geld einzutreiben. Oft fehlen hier aber bilaterale Verwaltungsabkommen. Zumindest in einem Teilaspekt wurde diese europarechtliche Grundlage durch ein neues Urteil des EuGH geschaffen.

## 7.1 Neues Urteil des EuGH zur Sozialbetrugsbekämpfung bei Entsendungen[149]

Ein belgisches Bauunternehmen hatte über Jahre keine eigenen Beschäftigten, sondern Aufträge nur über Subunternehmen abgewickelt. Bei einer Überprüfung durch belgische Kontrollorgane stellte sich heraus, dass alle Subunternehmen aus Bulgarien kamen. Bei weiteren Recherchen stellte sich heraus, dass alle Arbeiter als entsendete Arbeitnehmer galten. Sie hatten dafür die notwendige Bescheinigung des bulgarischen Versicherungsträgers. (A 101)

Bei genauerer Untersuchung stellte sich heraus, dass die Subunternehmen selbst in Bulgarien gar nicht geschäftlich tätig waren, es sich also um Briefkastenfirmen handelte. Die Bescheinigungen über die Sozialversicherung in Bulgarien waren betrügerisch erwirkt worden. Auf Grund dieser Tatsache wollte ein belgisches Gericht im Wege eines Vorabentscheidungsverfahrens wissen, ob die Bescheinigung des bulgarischen Versicherungsträgers aufgehoben werden könne, somit eine Versicherungspflicht in Belgien angenommen werden könne und somit die arbeits- und sozialversicherungsrechtlichen Bestimmungen

148 Schmatz, Wetzel, Entwicklung im Bereich des Lohndumping, 86.
149 EuGH vom 6.2.2018; C359/16, Altun u.a.

Belgiens vollständig zur Anwendung gebracht werden können. Der bulgarische Versicherungsträger ist trotz der Aufforderung der belgischen Behörden nicht tätig geworden.

### 7.1.1 Die Rechtslage vor dem Urteil

Bis jetzt waren die Bestätigungen nationaler Sozialversicherungsträger bei Entsendungen für Gerichte des Empfangsstaates unantastbar. Dies ergab sich aus der einschlägigen Rechtslage, nachdem für die Frage der Versicherungspflicht ausschließlich die Versicherungsträger des Heimatstaates des entsandten Arbeitnehmers zuständig waren.

### 7.1.2 Das Urteil

Das Urteil beendet diese Rechtslage und stellt klar, dass auch Gerichte des Empfangsstaates derartige Bescheinigungen aufheben und als nicht wirksam erklären können, wenn diese Bescheinigungen betrügerisch erwirkt wurden und die Sozialversicherungsträger des Heimatstaates der entsandten Arbeitnehmer trotz Aufforderung nicht tätig geworden sind. Es könne nicht Ziel der EU sein, dass betrügerische Handlungen indirekt unterstützt werden.

### 7.1.3 Die Auswirkungen des Urteils

Auf Grund des Urteils ist es nun viel leichter möglich, gegen Scheinentsendungen vorzugehen und eine Versicherungspflicht von scheinentsandten Arbeitnehmern bzw. Arbeitnehmerinnen in dem Land, in dem sie tätig sind, zu begründen. Die Ausstellung einer Versicherungsbescheinigung im Heimatland entsandter Arbeitnehmer kann nun nicht mehr nur durch Behörden des Heimatlandes, sondern bei oben genannten Voraussetzungen auch durch Behörden des Empfangsstaates aufgehoben werden.

## 7.2 Europäische Arbeitsbehörde

Ein möglicher Weg zur Verbesserung der Durchsetzbarkeit von Ansprüchen und Bescheiden ist die Schaffung einer europäischen Arbeitsbehörde. Im Zusammenhang mit der Diskussion um die Überarbeitung der Entsende-RL hat sich die Kommission grundsätzlich für die Errichtung einer derartigen Behörde im Jahr 2019 ausgesprochen. Der österreichische Gewerkschaftsbund hat sich medienwirksam dafür ausgesprochen, dass diese Behörde ihren Sitz in Österreich haben sollte. Dies lässt sich damit erklären, dass Österreich wie kaum ein anderes europäisches Land von Arbeitsmigration betroffen ist. Die österreichische Bundesregierung hat den Ball jedenfalls nicht aufgegriffen und scheint die österreichische Ratspräsidentschaft im zweiten Halbjahr 2018 auch nicht dafür nutzen zu wollen.[150] Völlig offen sind auch die Kompetenzen, die diese europäische Arbeitsbehörde haben soll. Etwas vage wird hier von Information und Streitschlichtung zwischen nationalen Behörden der Mitgliedstaaten gesprochen.[151]

## 7.3 Exkurs: Öffentliche Listen über rechtskräftig sanktionierte Arbeitgeber in der Schweiz

Eine bis dato wenig beleuchtete Maßnahme zur Rechtsdurchsetzung mit abschreckender Wirkung setzt die Schweiz. Hier werden Unternehmen, die gegen Bestimmung des schweizerischen Entsendegesetzes bzw. des Bundesgesetzes über Maßnahmen zur Bekämpfung der Schwarzarbeit verstoßen, in öffentlichen Listen erfasst. Dieses öffentliche „an den Pranger stellen" erscheint ein wirksames Mittel für die Befolgung von arbeits- und sozialrecht-

150 Parlament vom 17.7.2018, Europäische Arbeitsbehörde bleibt umstritten, online unter https://www.parlament.gv.at/PAKT/AKT/SCHLTHEM/SCHLAG/J2018/105EU-UASoziales.shtml

151 Die Presse vom 13.3.2018, Europäische Arbeitsbehörde ab 2018, online unter https://diepresse.com/home/ausland/eu/5388220/Europaeische-Arbeitsbehoerde-ab-2019.

lichen Bestimmungen zu sein, schmerzt schlechte Publicity doch Unternehmen oft mehr als eine monetär verschmerzbare Geldstrafe.

## 8. Fazit

Entsendungen sind aus der österreichischen Bauwirtschaft nicht mehr wegzudenken. Die Mitgliedschaft Österreichs bei der Europäischen Union hat dazu geführt, dass grenzüberschreitende Sachverhalte tagtäglich vorkommen, was gerade auch in Interessenvertretungen der Arbeitnehmerinnen und Arbeitnehmer eine vertiefte Beschäftigung mit dem Europarecht notwendig macht.

Vor allem die Tatsache, dass Entsendungen unter die Dienstleistungsfreiheit zu subsumieren sind und von Fällen der Arbeitnehmerinnen und Arbeitnehmerfreizügigkeit grundsätzlich zu unterscheiden sind, muss am Beginn jeder Betrachtung des europäischen Entsenderechts stehen. Daraus ergibt sich ein permanentes Abwägen aus der Verteidigung dieser wirtschaftlichen Grundfreiheit der Europäischen Union und den mindestens genauso berücksichtigungswürdigen Interessen der oft sozial und rechtlich besser gestellten Arbeitnehmerinnen und Arbeitnehmer des Empfangsstaates.

Historisch betrachtet entwickelte sich das europäische Entsenderecht von einer sehr wirtschaftsliberal geprägten, dogmatischen Fokussierung auf die Verteidigung der Dienstleistungsfreiheit hin zu einer durchaus differenzierten Betrachtung. Gerade die Rechtsprechung des EuGH hat zunehmend Aspekte des Arbeitnehmerinteressensschutzes berücksichtigt und eine Interessensabwägung zwischen notwendiger Gewährung der Dienstleistungsfreiheit auf der einen Seite und Erhaltung von hohen sozialen Standards auf der anderen Seite vorgenommen. Dies konnte durch das Auswerten der maßgeblichen Urteile des EuGH aufgezeigt werden.

Im Moment befindet sich das europäische Entsenderecht auf einem Scheideweg. Die Kommission sieht, dass die Anwendung des Arbeitsrechts des Entsendestaates bei Entsendungen zeitlich begrenzt werden muss, um zu verhindern, dass Arbeitnehmerinnen und Arbeitnehmer, die sich nicht nur sprichwörtlich, sondern häufig auch tatsächlich auf der gleichen Baustelle befinden, über einen langen Zeitraum ungleich behandelt werden (Dies vor allem in Hinblick auf sozialversicherungsrechtliche Aspekte). Allerdings konnten sich die Mitgliedstaaten bis jetzt nicht mehrheitlich zu einer Zustimmung durchringen. Dies liegt vor allem daran, dass Ländern mit niedrigen Löhnen ein sehr starkes Interesse daran haben, dass heimische Staatsbürger und Staatsbürgerinnen im EU-Ausland arbeiten, so den heimischen Arbeitsmarkt entlasten und das verdiente Geld wiederum im Inland investieren. Die Durchsetzungs-Richtlinie und die IMI-Verordnung können nur erste Schritte zur Verbesserung der Rechtsdurchsetzung sein.

Offen bleibt auch die genaue Zusammensetzung des Mindestlohnbegriffes der Entsende-Richtlinie. Durch die Entscheidung Sähköalojen konnte klargestellt werden, dass auch pauschalierte Taggelder Bestandteile dieses Mindestentgeltes sind. Dies heißt aber nicht, dass dieses Mindestentgelt mit der nationalen Vorstellung des Entgeltbegriffes gleichgesetzt werden kann. Überhaupt ist die permanente unterschiedliche Deutung von arbeitsrechtlichen Begrifflichkeiten ein verwirrendes Übel, das über kurz oder lang europarechtlich einheitlich geklärt und ausgelegt werden muss. Erste Anzeichen dafür sind die Auslegung von arbeitsrechtlichen Begriffen des deutschen Arbeitsrechts im Urteil „Isbir", aber auch die zunehmende Tendenz zur Auseinandersetzung mit Begrifflichkeitsfragen durch den EuGH. Aus heutiger Sicht muss die Auswirkung der Entscheidung auf das nationale Recht aber als relativ gering angesehen werden. Unstrittig ist zumindest, dass entsendete Arbeitnehmerinnen und Arbeitnehmer bezüglich ihrer Entlohnung in das Entlohnungssystem des Empfangsstaates einzuordnen sind.

Der Urlaubsanspruch entsendeter Bauarbeiter ist im BUAG geregelt. Hier wird versucht, der Verpflichtung zur Garantie von Mindeststandards durch die Entsende-RL gerecht zu werden. Allerdings scheint die wechselseitige Gleichhaltung von Urlaubs- und Sozialkassen beim Urlaubsanspruch diese Garantie zu unterminieren, sodass bei diesen wechselseitigen Anrechnungen von einer Europarechtswidrigkeit ausgegangen werden muss.

Österreich versucht die Fälle von Lohn- und Sozialdumping bei Entsendungen durch die oben skizzierten, einschlägigen Bestimmungen im LSD-BG einzudämmen. Vor allem die Auftraggeberhaftung und die Haftung bei Entsendungen sollen hier abschreckend wirken. Erste Erfolge können mit Sicherheit nicht abgestritten werden, allerdings zeigte es sich erst kürzlich, dass die grenzübergreifenden Kontrollen und die Zusammenarbeit der Behörden nicht ausreichend gut funktioniert.[152] Über kurz oder lang wird es notwendig sein, die Änderungsvorschläge der Kommission aufzugreifen und auch in Hinblick auf Fragen der Sozialversicherungsunterworfenheit und der Verpflichtung zur Lohnsteuerabführung im Empfangsstaat neue Wege zu gehen. Denn auch unter Einhaltung aller rechtlichen Bestimmungen sind entsandte Arbeitnehmerinnen und Arbeitnehmer oft billiger als Arbeitnehmerinnen und Arbeitnehmer, die im Empfangsstaat beschäftigt sind. Ob dies im Sinne der Europäischen Einheit und der Verbesserungen der sozialen Standards innerhalb der Europäischen Union ist, darf bezweifelt werden.

152 APA, 40 Prozent der Auslandsfirmen am Bau unter Lohndumping-Verdacht, Die Presse vom 4.10.2017, online unter http://diepresse.com/home/wirtschaft/unternehmen/5296837/40-Prozent-der-Auslandsfirmen-am-Bau-unter-LohndumpingVerdacht.

# 9. Literaturverzeichnis

## 9.1 Selbstständige Werke

Firlei, Die im LSDB-G vorgesehenen öffentlich-rechtlichen Instrumentarien, in Resch (Hrsg.), Lohn- und Sozialdumping-Bekämpfungsgesetz.

Gewerkschaft Bau-Holz, Kollektivvertrag für die Holzverarbeitende Industrie, Stand 1. Mai 2016, 4, Wien 2016.

Gewerkschaft Bau-Holz; Beilage zum Kollektivvertrag Bauindustrie/Baugewerbe 1. Mai 2017, Verlag des österreichischen Gewerkschaftsbundes, Wien 2017.

Klinger, Praxiskommentar zum BUAG, Österreichischer Wirtschaftsverlag, Wien 2006.

Krimphove, Europarecht, 2. Auflage, Verlag W. Kohlhammer, Stuttgart 2014.

Kühteubl/Kozek, Arbeitnehmerinnen und Arbeitnehmerentsendung – arbeitsrechtliche Darstellung der Beschäftigung von Arbeitnehmerinnen und Arbeitnehmern im Ausland, Wien 2010, Rz 112–143.

Riesenhuber, Europäisches Arbeitsrecht – eine systematische Darstellung, Heidelberg, 2009.

Thüsing, Europäisches Arbeitsrecht, Verlag C.H.Beck, München 2016.

Wiesinger (Hrsg.), Sozialbetrugsbekämpfung in der Bauwirtschaft, Linde Verlag, Wien 2015.

Wiesinger, ASoK-Spezial: Die neue Mindestentgeltkontrolle, Linde-Verlag, Wien 2015.

Wiesinger, BUAG Bauarbeiter-Urlaubs- und Abfertigungsgesetz sowie Bauarbeiter-Schlechtwetterentschädigungsgesetz, Wien 2017.

Wiesinger, Lohn- und Sozialdumping-Bekämpfungsgesetz, Linde Verlag, Wien 2016.

Wolfsgruber, § 7 AVRAG, in Neumayr/Reissner (Hrsg.), Zeller Kommentar zum Arbeitsrecht, Manz-Verlag, Wien 2011.

## 9.2 Zeitschriftenaufsätze

Windisch-Graetz, Anspruch auf Durchsetzung von Mindestlöhnen bei grenzüberschreitenden Entsendungen, in Das Recht der Arbeit, 508–515.

Wiesinger, Die Auswirkung der Entscheidung Sähköalojen ammattiliitto auf österreichische Entgeltregelungen, in Das Recht der Wirtschaft 6/2015.

## 9.3 Internetveröffentlichungen

APA, 40 Prozent der Auslandsfirmen am Bau unter Lohndumping-Verdacht, Die Presse vom 4.10.2017, online unter http://diepresse.com/home/wirtschaft/unternehmen/5296837/40-Prozent-der-Auslandsfirmen-am-Bau-unter-Lohndumping-Verdacht, Stand 9.10.2017.

Arbeitsmarktservice, Spezialthema Februar 2016, http://www.ams.at/_docs/001_spezialthema_0216.pdf (Stand Februar 2016)

Bauarbeiter- Urlaubs- und Abfertigungskasse, Lehrlinge nach Betriebsarten und Bundesländern, https://www.buak.at/cs/Satellite?blobcol=urldata&blobheadername1=content-type&blobheadername2=content-disposition&blobheadervalue1=application%2Fpdf&blobheadervalue2=inline%3B+filename%3D%22Lehrlinge.pdf%22&blobkey=id&blobnocache=false&blobtable=MungoBlobs&blobwhere=1342622257503&ssbinary=true&site=BUAK (Stand 12.1.2017)

Bundesministerium für Arbeit, Soziales, Gesundheit und Konsumentenschutz, Überblick über die Zugehörigkeit arbeitsrechtlicher Vorschriften zum Privatrecht oder zum öffentlichen Recht und die daraus entstehenden Konsequenzen für die Rechtsdurchsetzung, online unter http://www.entsende-plattform.at/cs/Satellite?blobcol=urldata&blobheadername1=content-type&blobheadername2=content-disposition&blobheadervalue1=application%2Fpdf&blobheadervalue2=inline%3B+filename%3D%22Zugeh%25C3%25B6rigkeit_arbeitsrechtlicher_Vorschriften_zum_Privatrecht_oder_zum_%25C3%25B6ffentlichen_Recht.pdf%22&blobkey=id&blobnocache=false&

blobtable=MungoBlobs&blobwhere=1342622306491&ssbinary=true&site=Z04, 2018.

Die Presse vom 13.3.2018, Europäische Arbeitsbehörde ab 2018, online unter https://diepresse.com/home/ausland/eu/5388220/Europaeische-Arbeitsbehoerde-ab-2019.

Europäische Föderation der Bau- und Holzarbeiter, Bauarbeiter: Tarife und Rechte in Europa, https://www.constructionworkers.eu/de (Stand 2017)

Firlei, Lohn- und Sozialdumping – einige grundsätzliche Überlegungen, in das Recht der Arbeit infas Ausgabe 6/2016, online unter http://www.drda.at/cms/X06/X06_3.16.6.b, Stand 9.10.2017.

Hans-Böckler-Stiftung, WSI-Mindestlohndatenbank, Gesetzliche Mindestlöhne in Europa, https://www.boeckler.de/wsi-tarifarchiv_43610.htm (Stand Jänner 2017).

Österreichisches Parlament vom 17.7.2018, Europäische Arbeitsbehörde bleibt umstritten, online unter https://www.parlament.gv.at/PAKT/AKT/SCHLTHEM/SCHLAG/J2018/105EU-UA Soziales.shtml

Risak, Die Dinge anders angehen? Überlegungen zum Vorschlag der Kommission zur Änderung der Entsende-RL 96/71/EG, online unter http://www.drda.at/cms/X06/X06_3.16.5.b, Stand 27.9.2017.

Schmatz, P Wetzel, Entwicklung im Bereich des Lohndumping, L&R Sozialforschung, Wien 2014, S. 84, online unter http://www.lrsocialresearch.at/files/Lohndumping_Endbericht_(2014-05-16).pdf.

# 10. Quellenverzeichnis

## 10.1 Urteile des EuGH

EuGH vom 3. Oktober 2006, B.F. Cadman gegen Health & Safety Executive, C-17/05, 2006 – I – 09583.

EuGH vom 15. Juli 1964, C-6/64, Flaminio Costa gegen E.N.E.L, Slg. 1964 01195.

EuGH vom 11. Juli 1974, Rs 8/74, Procurer du Roi gegen Benoit et Gustave Dassonville, Slg. 1974, S. 837 ff, 852.

EuGH vom 4. Dezember 1974, C-75/63, M.K.H. Unger/Bestuur der Bedrijfsvereniging voor Detailhandel en Ambachten a Utrecht, Slg 1964 00347.

EuGH vom 4. Dezember 1974, C-41/74, Yvonne Van Duyn/ Home Office, Slg 1974 01337.

EugH vom 27. März 1990, C113/89, Rush Portuguesa/Office national d'immigration, Slg 1990, I-014417.

EuGH vom 9. August 1994, C43-93, Vander Elst/Office nacional d'immigration, Slg 1994, I 03803.

EuGH vom 7. Mai 1998, C-350/96, Clean Car Autoservice GesmbH/Landeshauptmann von Wien, Slg 1998 I-02521.

EuGH vom 6. Juni 2000, C-281/98, Roman Angonese/Cassa di Risparmio di Bolzano Spa, Slg 2000 I-04139.

EuGH vom 25. Oktober 2001, C-49/98, Finalarte Sociedade de Construção Civil Ld[a] (C-49/98), Portugaia Construções Ld[a] (C-70/98) und Engil Sociedade de Construção Civil SA (C-71/98) gegen Urlaubs- und Lohnausgleichskasse der Bauwirtschaft und Urlaubs- und Lohnausgleichskasse der Bauwirtschaft gegen Amilcar Oliveira Rocha (C-50/98), Tudor Stone Ltd (C-52/98), Tecnamb-Tecnologia do Ambiante Ld[a] (C-53/98), Turiprata Construções Civil Ld[a] (C-54/98), Duarte dos Santos Sousa (C-68/98) und Santos & Kewitz Construções Ld[a] (C-69/98), Slg 2001, I-07831.

EuGH vom 12. Oktober 2004, C60/03, Wolff & Müller GmbH u. Co. KG/José Filipe Pereira Félix, Slg. 2004, I-09553.

EuGH vom 14. April 2005, C-341/02, Europäische Kommission gegen Republik Deutschland, 2005 – I – 02733.

EuGH vom 16. März 2006, C.D. Robinson – Steele gegen R.D. Retail Services Ltd, C-131/04, 2006 I-02531.

EuGH vom 18. Juli 2007, C-490/04, Kommission/Deutschland, 2007 – I 06095.

EuGH vom 18. Dezember 2007, C-341/05, Laval un Partneri, 2007 I – 11767.

EuGH vom 10. Februar 2011, C307/09, Vicoplus SC PUH/ Minister van Soziale Zaken en Werkgelegenheid, Slg. 2011, I-00453.

EuGH vom 7. November 2013, C522/12, Tefvik Isbir/DB Services GmbH.

EuGH vom 22. Mai 2014, Z.J.R. Lock gegen Gas Trading Limited, C-539/12.

EuGH vom 3. Dezember 2014, De Clerqc u.a, C-315/13.

EuGH vom 18. Juni 2015, C586/13, Martin Meat kft / Géza Simonfay, Ulrich Salburg.

EuGH vom 6. Februar 2018; C359/16, Altun u.a.

## 10.2 Europarechtliche Primär- und Sekundärquellen

Richtlinie des Europäischen Parlaments und des Rates vom 16. Dezember 1996 über die Entsendung von Arbeitnehmerinnen und Arbeitnehmer im Rahmen der Erbringung von Dienstleistungen, L 1997, 18, 1–6.

Richtlinie des Europäischen Rates und des Europäischen Parlaments vom 15. Mai 2014 zur Durchsetzung der Richtlinie 96/71/EG über die Entsendung von Arbeitnehmerinnen und Arbeitnehmer im Rahmen der Erbringung von Dienstleistungen und zur Änderung der Verordnung (EU) Nr. 1024/ 2012 über die Verwaltungszusammenarbeit mit Hilfe des Binnenmarkt-Informationssystems („IMI-Verordnung"), L 159/ 11.

Verordnung des Europäischen Rates und des Europäischen Parlaments vom 17. Juni 2008 über das auf vertragliche Schuldverhältnisse anzuwendende Recht, L 2008/177, 6.

Verordnung Nr. 1024/2012 des Europäischen Parlaments und des Rates vom 25. Oktober 2012 über die Verwaltungszusammenarbeit mit Hilfe des Binnenmarkt-Informationssystem und zur Aufhebung der Entscheidung 2008/49/EG der Kommission (IMI-Verordnung).

Vertrag über die Arbeitsweise der Europäischen Union vom 26. Oktober 2012, C 326, S. 0001–0390.

Vertrag über die Europäische Union vom 26. Oktober 2012, C 326, S. 0001–0390.

## 10.3 Nationale Rechtsquellen

Bundes-Verfassungsgesetz, BGBl. 1/1930 idgF.

Bundesgesetz, mit dem ein Gesetz zur Bekämpfung von Lohn- und Sozialdumping erlassen wird, BGBl. I. Nr. 44/2016.

Bundesgesetz betreffend den Urlaub und die Abfertigung in der Bauwirtschaft, BGBl. Nr. 414/1972.

Arbeitsvertragsrechts-Anpassungsgesetz-AVRAG, BGBl. Nr. 459/1993.

Bundesgesetz vom 14. Dezember 1973 betreffend die Arbeitsverfassung, BGBl. Nr. 22/1973.

## 10.4 Urteile nationaler Gerichte

OGH 30.3.2006, 8 ObA 87/05k, RS 0051215.

VwGH 26.9.2013/11/0176.